HAMBURG

ganz schön plietsch

HAMBURG

ganz schön plietsch

Die Hansestadt in 100 Stichworten

Edgar S. Hasse

Ellert & Richter Verlag

Inhalt

Vorwort

Finden Sie mal einen Titel für ein neues Hamburg-Buch. Es gibt schon so viele! Aber keines wie dieses: In 100 Stichworten haben wir das Schöne, das Tragische, das Besondere, das Hanseatische in dieser Stadt komprimiert zusammengefasst. So lexikalisch die Begriffe daherkommen, sie sind mit Geschichte, mit Gefühlen, mit Schicksalen und prallem Leben gefüllt. Vielfach geht es dabei um Menschen, die hier einst lebten und die Geschicke der Metropole bestimmten: die großen Stadtplaner wie Fritz Schumacher und die überragenden Politiker wie Helmut Schmidt.

Und es geht neben all den berühmten Bauwerken, alten und neuen Wahrzeichen, Parks und Gewässern um die „Kleinen Leute", für die die Hanseaten stets Herz zeigten. Sie leben noch heute, zum Beispiel in der „Brandstwiete", als „Zitronenjette" und im Ruf „Hummel Hummel – Mors Mors!", im kollektiven Gedächtnis fort.

„Plietsch" (plattdeutsch: schlau, clever, klug, gewitzt) ist dabei der Anspruch, mit teils ungewöhnlichen Perspektiven und größerer Informationstiefe die Hansestadt Hamburg unterhaltsam zu beleuchten. Auf diese Weise wollen der Ellert & Richter Verlag und das „Hamburger Abendblatt" dazu beitragen, dass auch Sie, liebe Leser, nach der Lektüre mehr über die Hansestadt wissen und bislang unbekannte Facetten entdecken. Wie auch der Autor, der seit mehr als 20 Jahren als Reporter und Publizist in Hamburg arbeitet, ein bisschen „Hamburg-schlauer" geworden ist. Mein Dank gilt in besonderer Weise Lektorin Annette Krüger, die das Buchprojekt begleitet hat – plietsch wie immer!

Edgar S. Hasse

Aalsuppe

Bevor die internationale Küche die Tafeln im Norden eroberte, ließen sich die Hamburger allerlei regionale Köstlichkeiten munden. Es gab Biberschwanz, in Rotwein gegart, Ragout aus Schweinsohren und eine Suppe, in der zwar alle diese Zutaten fehlten, in der aber ansonsten „aalns" (plattdeutsch: alles) drin war: Gemüse, Backobst, Fleisch, ein Dutzend Kräuter („Aalkruut") – zum Beispiel Thymian, Majoran, Petersilie, Salbei, Bohnenkraut, Basilikum, Estragon, Kerbel, Sauerampfer, Minze, Dill, Zitronenmelisse – und Mehlklößchen („Klüten").
So soll ein nahrhafter süßsaurer Eintopf als Hauptgericht entstanden sein, der alsbald sprachlich und kulinarisch übertreibend „Aalsuppe" genannt wurde. Denn da lag – wahrscheinlich – kein Stückchen Aal drin. Wie das „Leipziger Allerlei" galt die Aalsuppe, die seit dem 18. Jahrhundert in Kochbüchern belegt ist, ursprünglich als Armeleute- und Reste-Essen.
Die Kulturwissenschaftler sind sich allerdings uneins in der Frage, ob die Legende von der Entstehung jener Aalsuppe, in der kein Stück Aal schwimmt, tatsächlich stimmt. Während die eine Version davon ausgeht, dass Aal erst später auf Wunsch von Gästen zugegeben wurde, behauptet die andere, dass die Aalsuppe von Anbeginn eine kräftige, süßsaure Gemüse- und Aalsuppe war. Sie wurde mit gekochtem oder geräuchertem Aal als Hauptgericht serviert, heißt es im von Franklin Kopitzsch und Daniel Tilgner herausgegebenen „Hamburg-Lexikon".
Die Spitzenköche entdecken heute wieder die alten Rezepte aus Urgroßmutters Zeiten. Und Heidi Kabel (→ *Volkstheater*) sang:

„Und steigt in die Nase mir Aalsuppenduft …
dann krieg' ich so Heimweh
nach Hamburger Luft. / Dann wünsch ich mir
nichts als 'ne Mütze voll Wind /
und ein Schiff mit sechs Segeln, das nach
Hamburg mich bringt."

Afrikahaus

Zwei monumentale Elefanten mit gewaltigen Stoßzähnen säumen das Portal im Hof des „Afrikahauses" in der Großen Reichenstraße. Zusammen mit einem Wandgemälde und der Statue eines afrikanischen Kriegers künden sie von jener Epoche, in der Hamburg die „Kolonialmetropole des Kaiserreichs" war. Mit großen Lettern steht über dem Haupteingang der Name einer Firma, die noch heute hier ihren Sitz hat und Handelsbeziehungen mit westafrikanischen Ländern unterhält: Woermann.

Es war der Hamburger Reeder und Westafrikakaufmann Adolph Woermann (1847–1911), der dem → *Rathaus*-Architekten Martin Haller (1835–1925) den Auftrag gab, einen Gebäudekomplex mit Vorder- und Hofhaus für sein Unternehmen zu bauen. Haller gestaltete die Fassade in den Farben der Reederei-Flagge mit grünen, blauen und weißen Ornamenten. Woermann handelte damals mit Kautschuk, Tabak, Elfenbein – und Spirituosen. Als Reichstagsabgeordneter trat er vehement für den Export von Hamburger Spirituosen wie Genever (Wacholderschnaps) und Rum nach Westafrika ein: „Ich bin an sich der Meinung, dass sich der Verkauf von Spirituosen nicht günstig auf die Neger auswirkt. Wollen wir aber heute aus Philanthropie für die Neger, aus reiner Liebe zu den Negern, den Schnapshandel (...) verbieten, so würden wir einen wichtigen Zweig des deutschen Exporthandels bedeutend schädigen", sagte er einmal.

Auch solche Sätze gehören zu Hamburgs kolonialer Geschichte. Als das Afrikahaus 1899 eingeweiht wurde, profitierten zahlreiche Reeder und Kaufleute von ihren kolonialen Geschäften in Afrika, deren Verkehrswege vom Kaiserreich mit Waffengewalt geschützt wurden.

Große Reichenstraße 27

Das von einem Elefantenpaar bewachte Portal im Innenhof des Afrikahauses

Alster & Elbe

Zwei Flüsse, zwei Gegensätze, eine Stadt: Der Dichter Friedrich von Hagedorn (1708–1754) brachte das einmal so auf den Punkt:

„Der Elbe Schiffahrt macht uns reicher
Die Alster lehrt gesellig sein!
Durch jene füllen sich die Speicher
Auf dieser schmeckt der fremde Wein.“

Am besten mundet auf der Alster im Winter der Glühwein. Wenn die insgesamt 160 Hektar große Außenalster zugefroren und das Eis nach tagelangem klirrendem Frost flächendeckend mindestens 20 Zentimeter dick ist, dann darf das beliebte Alster-Eisvernügen stattfinden. Händler bauen, wie schon vor 300 Jahren, ihre Buden und Stände auf. Im Jahr 1733 erfreute sogar ein Karussell mit Schlitten und acht Pferden die großen und kleinen Besucher. Ein Rekord wurde mit einer Million Besuchern im Jahr 1997 erreicht.
Sobald das Eis geschmolzen ist, erobern Segler die Außenalster, die allerdings wegen ihrer Windverhältnisse von den Hobby-Skippern nicht unterschätzt werden sollte.
Bereits um 1190 wurde der in Henstedt-Ulzburg entspringende, 56 Kilometer lange Alsterfluss vor seiner Mündung in die Elbe zu einem kleinen Mühlenteich aufgestaut, aus dem durch weitere Aufstauungen im Verlauf des 13. Jahrhunderts ein großer Landsee wurde. Erst im Zuge des Befestigungsbaus im 17. Jahrhundert wurde die 18 Hektar große Binnenalster abgetrennt, nach dem → *Großen Brand* 1842 das Becken der Kleinen Alster zwischen → *Alsterarkaden* und Rathausmarkt.
Binnen- und Außenalster repräsentieren das Lebensgefühl im Herzen der Stadt. Rings um die Außenalster prägen Parks, mondäne Villen und Wohnanlagen ihr Antlitz. Wer diese grüne Seite Hamburgs erkunden will, macht am besten vom → *Jungfernstieg* aus mit der „Weißen Flotte“ der Alstertouristik eine

Im Herzen der Stadt: die Binnenalster mit dem Alsterpavillon am Jungfernstieg. Dort legen die Alsterdampfer der „Weißen Flotte“ an.

Rundfahrt. Nicht ohne zuvor im seit 1799 bestehenden Alsterpavillon eingekehrt zu sein (Jungfernstieg 54). Und danach gibt's auf „Bodos Bootssteg“ (Harvestehuder Weg 1) ein Alsterwasser, also Bier mit Limonade (andernorts „Radler“ genannt).

www.alstertouristik.de

Auch der Elbstrom lässt sich für Besucher maritim erschließen. Als einziges Verkehrsunternehmen bedient die HADAG (Hafendampfschiffahrts-Actien-Gesellschaft) den → *Hafen*, und das seit 1888 mit einem Streckennetz von fast 30 Kilometern.

Auf den großen Fähren, die im Volksmund „Bügeleisen“ genannt werden, geht es im 15-Minuten-Takt zum Beispiel auf der Linie 62 von den St. Pauli-Landungsbrücken nach Finkenwerder. 24 Schiffe auf sieben Linien befördern jährlich rund acht Millionen Fahrgäste.

Von Bord aus lässt sich hautnah erleben, wie die bei der Staustufe Geesthacht beginnende, in Hamburg bis zu zwei Kilometer breite Unterelbe die Stadt prägt. Der im Riesengebirge entspringende, insgesamt 1091 Kilometer lange Strom, der nach der → *Flutkatastrophe* von 1962 mit mehr als 300 Toten in Hamburg durch Flutschutzanlagen gezähmt wurde, ermöglicht im Seehafen Containerriesen mit einem Tiefgang von 12,80 Metern

Die „Queen Mary 2“ läuft aus. Blick von der „Strandperle“ am Övelgönner Ufer auf die Elbe und den Burchardkai

unabhängig vom Wasserstand die Einfahrt. Bei Flut können Schiffe mit einem Tiefgang von 15,10 Metern ein- oder auslaufen. Bekanntlich ist der Hamburger Hafen ein Tidehafen, der von Hoch- und Niedrigwasser geprägt wird. Der Tidenhub beträgt im Sechs-Stunden-Rhythmus durchschnittlich 3,60 Meter. Und das, obwohl es bis zur Mündung der Elbe in die Nordsee noch rund 100 Kilometer sind!

Zwar beeinflusst die Elbe das Wetter nicht und ist schon gar nicht eine „Wetterscheide“, wie vielfach behauptet wird. Aber die großen Wasserflächen wirken sich auf das unmittelbare Umfeld aus: Im Frühling und Sommer sorgt die Elbe in den Uferregionen für etwas Abkühlung und im Herbst für ein bisschen wärmere Temperaturen.

Im Herbst lässt sich ein weiterer Mikroeffekt beobachten: Wenn das noch warme Elbwasser verdunstet, bilden sich über dem Strom Nebelfelder, die auf dem Land selbst nicht auftreten. Solche schönen Naturschauspiele lassen sich zum Beispiel am Anleger Teufelsbrück erleben. Die Elbe füllt eben nicht nur die Speicher, sondern öffnet auch Herzen und Sinne.

St. Pauli-Landungsbrücken,
www.hadag.de

Alsterarkaden

Während rheinische Frohnaturen als Jecken Karneval feiern, gelten Hanseaten als resistent gegen die Narrheiten der „fünften Jahreszeit". Doch längst hat sich eine → *hanseatisch*-vornehme Faschingsform etabliert, bei der die Akteure fantasievolle venezianische Masken und Kostüme, bunte Gewänder, Perücken und lange Nasen tragen.

Für den jährlichen „Maskenzauber" im Januar gibt es wohl kaum einen würdigeren Ort als die Alsterarkaden, die parallel zum Neuen Wall verlaufen – eine überdachte Flaniermeile an der Kleinen Alster, weiß und mit runden Bögen im venezianischen Stil strahlend. So sind die Alsterarkaden sommers wie winters ein Ort zum Genießen und Gesehenwerden. Nicht nur beim venezianischen Maskenzauber.

Cafés, Restaurants und Geschäfte laden unter dem Bogengang zum Verweilen und zum Bummeln ein. Mehr noch: Von den Alsterarkaden, die Teil des Alsterwanderwegs sind, kann man am Alsterfleet entlang bis zur Elbe spazieren. Außerdem geht es von hier aus direkt in die Mellin-Passage, wo zahlreiche Jugendstil-Wandmalereien zu bewundern sind. Diese Verbindung zwischen Alsterarkaden und Neuem Wall wurde 1846 eröffnet und ist Hamburgs älteste Einkaufspassage, in der sich seit 1923 die Buchhandlung Felix Jud befindet.

Erbaut wurden die Alsterarkaden im italienischen Stil 1842/1843 von Alexis de Chateauneuf (1799–1853), einem Architekten mit französischen Wurzeln, der nach dem → *Großen Brand* von 1842 innovative Konzepte der Stadtplanung entwickelte. Der Bau für das Becken der Kleinen Alster, die Arkaden und die Grundform des Rathausmarkts gehen auf seine Ideen zurück.

Altenwerder

Vieles hat Altenwerder an der Süderelbe im Stadtbezirk Harburg überlebt: die Allerkindleinsflut am 28. Dezember 1248, bei der Altenwerder von der Insel Gorieswerder getrennt wurde, und auch die verheerende Cäcilienflut vom 21. November 1412. Die Menschen jedoch kamen immer wieder auf die frühere Elbinsel zurück und bauten ihr Dorf nach den schweren Zerstörungen wieder auf. Das fruchtbare Land ließ Gemüse und Obst in Hülle und Fülle wachsen, und die Kühe fanden auf den Wiesen reichlich Nahrung. Per Schiff wurde die produzierte Milch nach Hamburg transportiert. In den 1950er-Jahren wohnten im fast sieben Quadratkilometer großen Altenwerder 2500 Menschen.

Als der Hamburger Senat 1961 das Hafenerweiterungs- und 1981 das Hafenentwicklungsgesetz beschloss, ahnten nur wenige der Einwohner, was auf sie zukommen würde. Zunächst gab es lediglich ein Neubauverbot. Doch dann wurde klar: Altenwerder musste der Erweiterung des Hamburger → *Hafens* weichen, das Dorf sollte für immer von der Landkarte verschwinden. Nachdem die ersten 200 Bürger schon in den 1970er-Jahren ihre Häuser verlassen hatten, protestierten im August 1981 Zehntausende von Menschen an und auf der Elbe für den Erhalt des Dorfes: Altenwerder wurde zu einem Symbol der modernen Ökobewegung.

Aber weder die Proteste noch die zahlreichen Klagen vor den Verwaltungsgerichten nützten etwas: Nach einer Entscheidung des Hamburger Oberverwaltungsgerichts im Jahr 1996 wurde der Baustopp aufgehoben und die Bagger rückten an. Zuvor hatten die letzten Bewohner Altenwerder verlassen.

Seit 2002 erstreckt sich hier das Containerterminal Altenwerder (CTA) mit vier Liegeplätzen für Containerriesen, dem 1400 Meter langen Ballinkai und inzwischen neun jeweils 700 Meter langen Bahngleisen. CTA ist mit den fahrerlosen Transportfahrzeugen und dem größten deutschen Bahnterminal eines der modernsten Containerterminals Europas.

Einer der modernsten Containerterminals Europas: In Altenwerder arbeiten die Containerbrücken vollautomatisiert und suchen sich mithilfe von Computern die richtige Box aus dem richtigen Stapel.

So rasant die neue Zeit nach Altenwerder kam, so symbolträchtig erinnert St. Gertrud an die Dorfgeschichte. Die denkmalgeschützte evangelische Kirche durfte samt Friedhof stehen bleiben. Einmal pro Woche wird die mechanische Turmuhr per Hand aufgezogen. Regelmäßig finden Gottesdienste sowie Konzerte auf der Beckerath-Orgel statt.

www.hhla.de/de/container/altenwerder-cta
www.kirche-suederelbe.de/altenwerder

Altes Land

„An apple a day keeps the doctor away"

– ein Apfel am Tag hält den Arzt fern. Dieses Motto zu befolgen fällt hier leicht, denn bei den Bauern im Alten Land, dem 30 Kilometer langen Marschgürtel vor den Toren Hamburgs, wachsen die Äpfel direkt vor den Scheunen. Seit dem 14. Jahrhundert ist dort der Obstanbau nachweisbar, nachdem sich holländische Einwanderer niedergelassen hatten.

Heute wird an der Niederelbe mit ihrem maritimen, verhältnismäßig milden Klima (Jahresdurchschnittstemperatur: 8,5 Grad Celsius; 1500 Sonnenstunden pro Jahr) Obst auf einer Fläche von 10 500 Hektar angebaut. Die Ernte beträgt jährlich rund 300 000 Tonnen Äpfel. Auf 90 Prozent der Anbaufläche stehen Apfel- und auf sechs Prozent Süßkirschenbäume. Den Rest machen Birnen, Pflaumen, Zwetschgen und Beerenfrüchte aus. Damit ist das Alte Land das größte zusammenhängende Obstanbaugebiet Nordeuropas.

Jedes Jahr lockt die Obstbaumblüte Tausende von Tagestouristen ins Alte Land, wo in Jork mit seinen 11 000 Einwohnern im Frühling die Altländer Blütenkönigin gekürt wird.

Es gibt noch etliche Obstbauern, die ein Herz für die alten Apfelsorten haben und sie vermarkten. Zum Beispiel den süßsäuerlichen, glockenförmigen „Finkenwerder Herbstprinzen" und den rotbäckigen „Ruhm von Kirchwerder". Diese alte Sorten führen unter dem Schutz von Apfelliebhabern wie Eckart Brandt aus Großenwörden mit seinem Projekt „Boomgarden" im nationalen Verkauf zwar nur eine Nischenexistenz. Doch von den 4000 noch im 19. Jahrhundert bekannten alten Apfelsorten verkauft „Apfelpapst" Brandt immerhin gut 100, wobei die älteste der „Rote Eiserapfel ist". Der wurde bereits um 1600 angebaut. Eine Reise ins Alte Land kann auch zur Lehrstunde in Pomologie (Apfelkunde) werden.

Der östliche Teil des Alten Landes gehört zu Hamburg. In Cranz befindet sich die Endstation der aus → *Blankenese* die Elbe que-

Eines der größten zusammenhängenden Obstanbaugebiete der Welt: das Alte Land

renden Fähre und die älteste – 1635 gegründete! – Werft Hamburgs, die noch bis vor Kurzem in Familienbesitz war (Sietas-Werft). In der unweit davon gelegenen Gemeinde Neuenfelde hat Arp Schnitger, der berühmte Orgelbaumeister (→ *Jacobikirche*), gelebt und gearbeitet. Die 1688 fertiggestellte Orgel in der auf einer Düne errichteten barocken St.-Pankratius-Kirche wurde von ihm erbaut. Auch das reich ausgemalte Tonnengewölbe, die von Engeln getragene Kanzel und das herrliche Gestühl sind sehenswert.

www.jork.de
www.boomgarden.de
St.-Pankratius-Kirche, Organistenweg 7, Hamburg-Neuenfelde, T. 040 7459296, www.kirche-suederelbe.de/neuenfelde

Ansgar

Hamburgs Heiliger: Ansgar missionierte im 9. Jahrhundert den Norden und ist mit seinem Namen und einer Reliquie noch immer präsent. Ein Unterarmknochen, der offenbar von ihm stammt, liegt in einem gläsernen Schrein im Atrium des → *Doms* St. Marien, der Kathedrale in St. Georg. Eine katholische Privatschule im Stadtteil Borgfelde trägt seinen Namen, und es gibt in Langenhorn eine evangelische Ansgar-Kirche. Auf der Trostbrücke, die über das Nikolaifleet führt, steht eine Statue, die genauso an den Benediktinermönch erinnert wie eine Bronzefigur vor dem Mariendom.
Neuerdings streiten sich die Historiker darüber, ob der im Jahr 800 oder 801 in Flandern geborene Mönch im Range eines Erzbischofs, Bischofs oder lediglich als Missionar nach Hamburg geschickt wurde. Jedenfalls brachte Ansgar das Christentum in den heidnischen Norden – bis nach Dänemark und Schweden. Während der missionarische Erfolg mancherorts nur mäßig war, gelang ihm bald nach seiner Ankunft in Hamburg im Jahr 831 der Bau einer hölzernen Marienkirche – sozusagen die Wiege der späteren Domkirche – in der legendären → *Hammaburg*. Anno domini 845 fielen aber die Wikinger über die Hammaburg her und zerstörten sie. Der Kirchenmann – ob nun Erzbischof oder nicht – musste nach Bremen fliehen. Kurzerhand legte er die Bistümer Hamburg und Bremen zusammen. Wie sein Biograf und Amtsnachfolger Rimbert notierte, soll Ansgar die Zerstörung der Hammaburg mit einem Hiob-Zitat kommentiert haben:

„Der Herr hat's gegeben,
der Herr hat's genommen.
Der Name des Herrn sei gelobt."

Nach dem heiligen Ansgar, der 856 in Bremen starb, wurde sogar ein Mondkrater benannt: Er liegt am östlichen Rand der sichtbaren Mondseite und hat einen Durchmesser von 95 Kilometern.

Backstein

Das Baumaterial Backstein (= Ziegel) prägt das Hamburger Stadtbild so sehr, dass viele ihm sogar eine identitätsstiftende Funktion für die Hansestadt beimessen. „Hamburger Ziegel" ist nicht nur die DIN-Bezeichnung zweier älterer Backsteinformate (220 mal 105 mal 55/65 Millimeter), sondern auch der Name des Lese-Open-Air in der → *HafenCity*, wo jeden Sommer auf den Magellan-Terrassen die besten Beiträge aus dem „Ziegel", dem Hamburger Jahrbuch für Literatur, vorgelesen werden.

Seit dem 12. Jahrhundert waren der rote Backstein sowie später auch der druckfestere, mit höheren Temperaturen und daher zum Teil in dunkleren Tönen gebrannte Klinker im Norden Deutschlands in Gebrauch. In der Gotik wurde er Ausgangspunkt einer eigenen Stilrichtung, der Backsteingotik. Während im Barock und Klassizismus für Hamburger Bürgerhäuser hell verputzte Fassaden bevorzugt wurden, fand der rote Backstein in allen Epochen Verwendung an den Rück- und → *Fleet*seiten der Bürgerhäuser und Speicher sowie im Sakralbau.

Um 1900 verhalfen der „Hamburger Heimatstil" und vor allem Oberbaudirektor Fritz Schumacher (1869–1947) dem Baustoff wieder zur Allgegenwärtigkeit in der Stadt. Auf der Suche nach „Wahrheit im Material" (Alexis de Chateauneuf) waren im Zuge der Neugotik schon einzelne Backsteinrohbauten errichtet worden (zum Beispiel das Haus der → *Patriotischen Gesellschaft*) sowie ab 1881 die → *Speicherstadt*, deren Erbauer Franz Andreas Meyer ein Vertreter der sogenannten Hannoverschen Schule war. Im → *Kontorhausviertel* entstand einige Jahrzehnte später kunstvoll variierter Backsteinbau, zum Teil in expressionistischen Formen wie das → *Chilehaus* von Fritz Höger. Während der NS-Zeit sollte mit den Ziegeln aus dem Klinkerwerk des KZ → *Neuengamme* ein gigantomanisches „Neues Hamburg" errichtet werden.

In den 1920er- und 1930er-Jahren wurde der Backstein zum verbindenden Hauptmerkmal der neu entstehenden Wohnviertel für Arbeiter und Angestellte; in Hamburg unter der Leitung

Der Bildhauer Richard Kuöhl schuf farbige Keramiken für viele Hamburger Backsteinbauten, wie hier an der Finanzbehörde am Gänsemarkt, die in den 1920er-Jahren errichtet wurde.

Fritz Schumachers (zum Beispiel die Jarrestadt in Winterhude), in Altona unter Federführung von Stadtbaurat Gustav Oelsner (1879–1956).

Nach dem Zweiten Weltkrieg zunächst rückläufig, wurde Backstein von 1950 bis 1970 nach skandinavischem Vorbild vermehrt in gelbem Klinker ausgeführt. Mit dem Austausch des Begriffs „Heimatkunst“ durch „Regionalismus“ fand der Backsteinbau seit den 1980er-Jahren zur erneuten, anhaltenden Blüte, zum Beispiel im Hanse-Viertel (→ *Passagen*).

Die Überdämmung der Fassaden gefährdet allerdings zunehmend dieses baukulturelle Erbe Hamburgs. Im Namen des Klimaschutzes verschwinden heute ganze Straßenzüge und Quartiere hinter Thermohäuten, deren gestalterische Qualitäten oft nicht denen der Originalfassaden entsprechen.

Quelle: Hamburg-Lexikon, S. 58–60

Ballindamm & BallinStadt

Am 22. Januar 1891 stach in Cuxhaven der 144 Meter lange schnelle Passagierdampfer „Augusta Victoria“ in die eiskalte Nordsee. Das Ziel: die wärmeren Gefilde im südlichen Mittelmeer mit Alexandria und Beirut. Eigentlich verkehrte das Schiff auf der Transatlantik-Route nach Amerika und brachte Auswanderer in die Neue Welt. Doch während der europäischen Wintersaison fielen die Touren wegen der stürmischen See stets ins Wasser. Da kam Albert Ballin, Generaldirektor der Hamburg-Amerikanischen Packetfahrt-Actien-Gesellschaft (Hapag) und damit Reeder der 19 Knoten (35 Stundenkilometer) schnellen „Augusta Victoria“, auf die Idee, den Dampfer auch in der schlechten Jahreszeit zu nutzen. Und so starteten 241 Passagiere zur ersten „Vernügungsfahrt“. Dies gilt als Geburtsstunde der Kreuzfahrt.
Nach ihrem „Erfinder“ ist seit 1947 jene Straße an der Binnenalster benannt, in der sich noch heute die Zentrale des Konzerns Hapag-Lloyd befindet.
Ballin, der „Reeder des Kaisers“, wurde 1857 als Sohn jüdischer Eltern in Hamburg geboren; sein Vater hatte von zwei Frauen 17 Kinder. Albert Ballin verfügte weder über Hochschulreife noch eine akademische Ausbildung – er war ein Selfmade-Man, der es von einer kleinen Auswandereragentur bis an die Spitze einer Großreederei brachte. Mehr noch: Er machte die Hapag um die Jahrhundertwende zur weltweit größten Schifffahrtslinie. Sein Motto lautete ganz unbescheiden:

„Mein Feld ist die Welt.“

Als kaisertreuer Patriot starb Ballin im Alter von 61 Jahren am 9. November 1918, als Wilhelm II. abdankte und die Republik ausgerufen wurde. Er hatte seinem Leben selbst ein Ende gesetzt. Lebendig geblieben ist seine Idee, mit Schiffen bei „Vergnügungsfahrten“ über die Meere zu schippern. Zu Hapag-

Lloyd Cruises gehören vier Kreuzfahrtschiffe, darunter die MS „Europa“, das weltweit beste Kreuzfahrtschiff (Berlitz Cruise Guide).

Hapag-Lloyd-Zentrale, Ballindamm 25,
www.hl-cruises.de

Weil um die Jahrhundertwende immer mehr Menschen nach Hamburg strömten, um von hier über den Atlantik zu reisen und in der Neuen Welt ihr Glück zu suchen, ließ Albert Ballin zwischen 1901 bis 1907 auf der Veddel eine Kleinstadt für Auswanderer bauen. Sie umfasste Übernachtungsplätze, eine Krankenstation und sogar eine Kirche und eine Synagoge. Die rund 30 Auswandererhallen boten 5000 Menschen so lange Platz, bis ein Schiff sie über den Atlantik bringen konnte – vor allem in die Vereinigten Staaten.
Im Jahr 1913 wurde die Höchstzahl von 170 000 Migranten gezählt, die im „größten Gasthaus der Welt“ eine Unterkunft fanden. Von 1850 bis 1939 wanderten mehr als fünf Millionen Menschen von Hamburg in die Neue Welt aus – mit Koffern voller Hoffnung. Seit 2007 erinnert das Auswanderermuseum BallinStadt an diese Epoche der Hamburger Geschichte. Drei Hallen sind im Originalzustand wieder aufgebaut und geben Einblicke in das Leben der Auswanderer, die aus ganz Europa kamen.

Auswanderermuseum BallinStadt Hamburg,
Veddeler Bogen 2, T. 040 31979160,
www.ballinstadt.de

Baumwall

Der Baumwall ist mehr als nur eine Haltestelle der Linie U 3, von der aus die Fahrgäste am besten in die → *Speicherstadt* gelangen können. Die Gegend zwischen dem ehemaligen Binnenhafen an der Alstermündung und dem Niederhafen in der Elbe, wo einst die großen Segelschiffe festmachten, gilt seit jeher als Eingangstor zur Stadt. Um diese vor Eindringlingen und Schmugglern zu schützen, versperrten im 16. und 17. Jahrhundert Bäume und Flöße den Weg in den Binnenhafen. Von 1662 bis 1851 stand hier das „Baumhaus", das einstige Hauptzollamt der Stadt.

Während die U-Bahn auf dem im Jahr 1912 fertiggestellten eisernen Hochbahnviadukt am Baumwall vorbeigleitet, können die Fahrgäste einen imposanten Blick auf den City-Sportboothafen, das „Feuerschiff" (das 1952 erbaute rote Schiff diente einst an der Ostküste Englands als mobiler Leuchtturm, heute als Bar, Restaurant und Hotel) und die Elbe genießen. Was sie allerdings aus dieser Perspektive nicht sehen, ist ein Jugendstil-Häuschen aus dem Jahr 1904 mit dem wohl geheimsten Zimmer Hamburgs, das sich unter dem Viadukt in Höhe der Straße Vorsetzen befindet. Weil damals Kaiser Wilhelm II. der Hansestadt einen Besuch abstattete und unter anderem auch das moderne Sielnetz besichtigen wollte, wurde eigens für Seine Exzellenz am Baumwall ein Einstiegshäuschen gebaut, inklusive kaiserlichem Umkleidezimmer. Zur Bootstour durch die Kanalisation soll es aber nie gekommen sein.

Der Baumwall als Eingangstor zur Stadt ist auch heute noch bedeutsam, denn mit einer hier aufwendig erhöhten Hochwasserschutzanlage will sich Hamburg noch besser vor den Sturmfluten schützen. Gleichzeitig ist am Baumwall gegenüber dem Verlagsgebäude von „Gruner + Jahr" ein terrassenförmiges Areal entstanden, das zum Flanieren und Schiffegucken einlädt.

U-Bahnhaltestelle Baumwall

Baurs Park

Der Altonaer Kaufmann Georg Friedrich Baur (1768–1865) wusste genau, was auf seinem Anwesen am nördlichen Elbhang in → *Blankenese* stehen sollte: Ein Monopteros musste es unbedingt sein, ein tempelähnlicher Rundbau mit Säulen nach antikem Vorbild, der sich in einen üppig grünenden Landschaftspark nach englischem Vorbild schmiegte.
Und auch eine Salutanlage ganz oben auf dem Hang gehörte dazu, der fortan der „Kanonenberg" genannt wurde. Der Reeder und Konferenzrat hatte von dort aus den besten Blick auf die Elbe. Immer dann, wenn seine Segelschiffe in den → *Hafen* einliefen, ließ er sie mit Böllerschüssen begrüßen.
In dem zwischen 1817 und 1832 angelegten Park gab es so viele Aussichtsterrassen wie in keinem anderen hier am Elbhang. Für seine Pläne konnte Baur den französischen Landschaftsgestalter Joseph Ramée (1764–1842) gewinnen, der sich klassizistischen Formen ebenso verpflichtet fühlte wie fernöstlicher Gartenkunst. So entstanden Anfang der 1820er-Jahre in Baurs Park ein pittoresker chinesischer Pagodenturm, Waldhütten und Moosbänke – alles romantisch und exotisch zugleich.
Geblieben ist von all dem fast nichts – außer dem schönen schmiedeeisernen Geländer von 1834, das den Spazierweg vor dem Elbstrand rahmt. Auch das spätklassizistische Herrenhaus (Katharinenhof) am Mühlenberger Weg 33/35, in dem der → *hanseatische* Kaufmann im Jahr 1840 König Christian VIII. von Dänemark und Norwegen mit Gattin standesgemäß begrüßen konnte, und ein Stallgebäude sind erhalten. Die Gebäude stehen unter Denkmalschutz.
Seit 1939 gehört der gut 20 Hektar große Baurs Park der Stadt und ist öffentlich zugänglich. Wo einst Windjammer mit Böllerschüssen begrüßt wurden, steht heute der Leuchtturm Oberfeuer Blankenese – ein 40 Meter hoher, weiß-rot gestreifter Betonturm mit rotem Stahllaternenhaus.

Oben: Blick auf den linken Flügel des Katharinenhofs, des Landhauses im Baurs Park

Unten: Das schmiedeeiserne Gitter aus dem Jahr 1834 an der herrlichen Elbuferpromenade

Bergedorfer Sternwarte

Es hat seinen guten Grund, dass die Bergedorfer Sternwarte auf dem Gojenberg steht. Hier, weitab von der Großstadt, sind die Nächte noch wirklich dunkel und nicht taghell wie in der City. Das wussten schon die Stadtväter, die den Bau der Sternwarte im Jahr 1906 in die Bergedorfer Idylle legten, weit weg von der „Lichtverschmutzung".
Die Anfänge eines öffentlichen Observatoriums in Hamburg gehen auf das Jahr 1802 zurück, initiiert vom Feinmechaniker Johann Georg Repsold (1770–1830). Nach dem Abbruch seines Gebäudes am → *Stintfang* wegen der napoleonischen Besatzung und einem Neubau am Millerntor 1826 (dort steht heute das → *Hamburg Museum*) plädierte der Senat schließlich für den Umzug nach Bergedorf. Rauch und Streulicht erschwerten schon damals die nächtlichen Himmelsbeobachtungen und sprachen für Bergedorf mit weitem Blick auf die → *Vier- und Marschlande* und auf die Sterne.
1912 wurde der Bau auf dem Gojenberg nach den Plänen des Architekten Albert Erbe (1868–1922) eingeweiht. Der Gebäudekomplex galt als modern, weil er Arbeits- und Beobachtungsräume trennte und weil die Ausstattung sowohl Instrumente der klassischen Astronomie als auch der Astrophysik umfasste. Zeugnisse dieser Entwicklung sind die noch erhaltenen Linsen- und Spiegelteleskope. Der Große Refraktor mit einem Objektivdurchmesser von 60 Zentimetern und einer Brennweite von neun Metern zählt zu den größten Fernrohren in Deutschland.
Heute konzentriert sich die Arbeit der Bergedorfer Uni-Astronomen auf den Computer. In die Teleskope schauen sie eigentlich nicht mehr. Die Mitarbeiter greifen auf internationale Daten zurück, die von Sternwarten in den nicht von Licht verschmutzten Regionen der Erde erhoben werden.
An den Wochenenden können Besucher das Parkgelände kostenlos besichtigen und sich im „Café Raum und Zeit" stärken. Zudem gibt es viele astronomische Veranstaltungen.

August-Bebel-Straße 196, Hamburg-Bergedorf,
T. 040 47193130, www.sternwarte-hh.de

Blankenese
Treppenviertel, Süllberg, Römischer Garten

Gerade erst hat die „Bergziege“ Strom getankt. Jetzt ist sie wieder fit für die Tour durch das Blankeneser Treppenviertel. Der 360 000 Euro teure, batterieelektrisch betriebene Kleinbus der Verkehrsbetriebe Hamburg-Holstein (VHH) fährt durch verwinkelte, enge Straßen, wie sie sonst nur in pittoresken Küstenorten am Mittelmeer zu finden sind. Und wie in warmen,

Blick auf das Blankeneser Treppenviertel und den Süllberg vom Kiekeberg aus

mediterranen Gefilden strahlen die Häuser rund um den Süllberg leuchtend weiß. Nur dass der Himmel über der Elbe seltener blau ist. Die kleinen Villen und Häuser in den rund 50 Gassen und Wegen sind das bis weit über die Elbe sichtbare Antlitz von Blankenese.

Der Ort wurde erstmals 1301 urkundlich erwähnt. Sein Name geht auf eine in die Elbe ragende „Blanke Nase“ (= helle Landzunge) zurück, die eine schwere Sturmflut im Jahr 1634 weggespült hat. Schon im Mittelalter gab es hier eine Elbfähre und

Das alte „Fischerhaus" in der Elbterrasse 6 unterhalb des Süllbergs ist heute eine Begegnungsstätte und beherbergt ein Museumszimmer.

natürlich ein Fährhaus: „Sagebiels Fährhaus" mit der berühmten Terrasse über der Elbe ging sogar in die Filmgeschichte ein („Große Freiheit Nr. 7"). Das „Fischerhaus" in der Elbterrasse 6, ein historisches „Tweehus" (Doppelhaus), ist heute ein Treffpunkt für Jung und Alt und beherbergt ein Museumszimmer mit Blankeneser Trachten und altem Fischer-Mobiliar.

Die Haltestellen der geräuschlosen und umweltfreundlichen „Bergziege" heißen „Strandtreppe", „Krögers Treppe" und „Charitas-Bischoff-Treppe". 58 Treppen mit 5000 Stufen gibt es im Treppenviertel. Wer hier als Busfahrer eingesetzt wird, muss über viel Erfahrung verfügen – und kontaktfreudig sein. Vor allem die Einheimischen nutzen die VHH-Busse der Linie 48. Man kennt sich, klönt miteinander. Wer hier lebt, mag zwar privilegiert sein; wetterfest und bodenständig sind die Bewohner allemal. Sie haben auch eine gehörige Portion Verantwortung zu tragen, um die Häuser in einem gepflegten Zustand zu halten. Damit Blankenese auch künftig weiter strahlen kann.

Sagebiels Fährhaus, Blankeneser Hauptstraße 107,
T. 040 861514, www.sagebiels.com
Fischerhaus, Elbterrasse 6, T. 040 864053,
www.blankenese.de/das-fischerhaus.html

Auf die Frage nach dem höchsten Berg Hamburgs verweisen Unkundige häufig auf den Süllberg. Immerhin ist er gut 74 Meter hoch. Im 11. und 13. Jahrhundert stand dort zeitweilig sogar eine Burg zur Überwachung des Schiffsverkehrs auf der Elbe. (Tatsächlich aber befindet sich der höchste Berg Hamburgs nicht in Blankenese, sondern im Stadtteil Neugraben-Fischbek: der 116 Meter hohe Hasselbrack in den Harburger Bergen.)

Der Süllberg ist so etwas wie Hamburgs „Tafelberg".

Ganz oben thronen Restaurant und Hotel Süllberg, vom Sternekoch Karlheinz Hauser in den Olymp der Gourmet-Küche gehoben. Mit traumhaftem Blick auf die Elbe werden im „Seven Seas" klassische regionale und internationale Köstlichkeiten serviert. Ebenfalls auf dem Süllberg lädt der idyllische Kaffeegarten Schuldt zum Besuch ein. „Der alte Brauch wird nicht gebrochen, hier können Familien Kaffee kochen" lautet bis heute das Motto des Familienbetriebs. Die Inhaber versprechen: „Wie vor mehr als 100 Jahren brühen wir Ihnen Ihr mitgebrachtes Kaffeepulver per Hand auf. Der Spaß kostet 1,50 Euro für drei Tassen." Als der Kaffeegarten Ende des 19. Jahrhunderts in einem Gemüsegarten seine Pforten öffnete, war Bohnenkaffee für viele noch Luxus, und sein Genuss wurde zelebriert. Wie heute bei Schuldts!

Restaurant und Hotel Süllberg, Süllbergsterrasse 12, T. 040 8662520, www.suellberg-hamburg.de
Kaffeegarten Schuldt, Süllbergsterrasse 30, T. 040 862411, www.kaffeegarten-schuldt.de

„Picknickkorb und Decke unbedingt mitbringen!"

Das empfiehlt das „Theater NN" e.V. Hamburg jedes Jahr im Sommer, wenn das von Hecken umsäumte Naturtheater im Römischen Garten zur abendlichen Bühne wird. Dass hier, 30 Meter hoch über der Elbe am Blankeneser Kösterberg, ein römischer Garten mit akribisch getrimmten Koniferen wie in

Das einem Amphitheater nachempfundene Naturtheater
im Römischen Garten

der Toskana wächst und gedeiht, ist vor allem dem italienbegeisterten Holstenbrauerei-Gründer Julius Richter, der das Gelände 1875 erwarb, der jüdischen Bankiersfamilie Warburg, einem Kunstgärtner des Papstes und Deutschlands erster Obergärtnerin zu verdanken. Nach Plänen von Julius Richters Bruder Emilio, der als päpstlicher Kunstgärtner in Rom tätig war, entstand Ende des 19. Jahrhunderts die „Römische Terrasse“ am Elbhang - ein mediterran anmutendes Areal, das an die Sommerresidenz des Papstes in Castel Gandolfo erinnert.

Max M. Warburg, der das Anwesen 1910 übernahm, beschäftigte mit Else Emily Hoffa (1885-1964) eine Gartenarchitektin, die sich dem Stil Karl Foersters („Stauden-Foerster“) verpflichtet fühlte und Italien ebenso liebte wie die Warburgs. Die Obergärtnerin, die es in ihrer Karriere bis zur Chefin von „Lady Herbert's Garden“ im britischen Coventry brachte, schuf unter anderem das Naturtheater mit Platz für 200 Zuschauer. In den 1920er- und 1930er- Jahren fanden im Römischen Garten rauschende Feste statt, bis die Nazis an die Macht kamen und die Warburgs emigrieren mussten. Nach Kriegsende übergaben sie das Kleinod der Stadt unter der Bedingung, dass diese für die Gartenpflege sorgen müsse.

Römischer Garten: Falkensteiner Ufer 26

Blohm + Voss

Die zweitgrößte Privatyacht der Welt? Made by Blohm + Voss. Der Ausbau und die Überholung des weltweit längsten Kreuzfahrtschiffs? Made by Blohm + Voss. Der Bau der Riesendampfer der Vaterland-Klasse „Bismarck", „Imperator" und „Vaterland"? Vollendet zu Beginn des 20. Jahrhunderts in der Hamburger Werft. Seit deren Gründung im Jahr 1877 haben die Werftarbeiter mehr als 1000 Schiffe gebaut und unzählige überholt, umgebaut und renoviert.

Die mit 163 Metern Länge derzeit zweitgrößte Privatyacht der Welt, die „Eclipse", lief im Juni 2009 bei Blohm + Voss vom Stapel. Ihr Eigner: der russische Milliardär Roman Abramowitsch. Die Gesamtkosten für den Bau wurden auf 800 Millionen Euro geschätzt. Der reiche Russe besitzt bereits mehrere Yachten mit Hubschrauberlandeplatz und Abwehrsystemen gegen Piraten und terroristische Angriffe. Auch die in Hamburg gebaute Yacht entspricht diesen Anforderungen. Die schwimmende Festung soll neben einer Raketenabwehr auch ein Mini-U-Boot und einen Luxus-Wellnessbereich an Bord haben.

Regelmäßig werden von der Werft (rund 1000 Mitarbeiter) große und kleine Kreuzfahrtschiffe überholt. Das Eindocken der Oceanliner im Trockendock Elbe 17, einem der größten dieser Art in Europa, wird immer wieder von Schaulustigen auf den Landungsbrücken verfolgt. Denn es ist fast schon Millimeterarbeit, wenn die 345 Meter lange „Queen Mary 2" oder die 348 Meter lange „Quantum of the Seas" ins Trockendock gehievt werden müssen.

Bei Blohm + Voss liefen im Jahr 1911 unter anderem die Windjammer „Passat" (heute Museumsschiff in Travemünde) und „Peking" (heute Museumsschiff in New York, demnächst Hamburg) vom Stapel. Sie gehörten zu den legendären „Flying-P-Linern" der Hamburger Reederei F. Laeisz.

Kurz vor Redaktionsschluss dieses Buches wurde bekannt, dass die Bremer Lürßen-Gruppe die Hamburger Traditionswerft Blohm + Voss übernimmt.

www.blohmvoss.com

Boberger Dünen

Als vor rund 10 000 Jahren bei der letzten Eiszeit die Gletscher für immer zu schmelzen begannen, wehte ein starker, steter Wind den Schmelzwassersand in den Osten der heutigen Hansestadt Hamburg. In der Boberger Niederung, zwischen dem kleinen Fluss Bille und der Bergedorfer Straße, entstanden aus diesen geologischen Rudimenten der ausgehenden Weichsel-Eiszeit stattliche, bis 30 Meter hohe Wanderdünen, an denen noch immer der Wind kräftig nagt.

Wer hier barfuß durch den zuweilen sonnenheißen feinen Sand läuft, wähnt sich auf Sylt. Zwar fehlt das Meer. Aber ein 18 Meter tiefer Badesee am Südrand, fruchtbares Marschenland, Moorgebiet und Heidelandschaft bieten auf der Fläche von 350 Hektar ein deutschlandweit einzigartiges Naturschutzgebiet.

Während die kargen Dünen im Mittelalter sogar für Ackerbau und als Viehweide genutzt wurden, begann im 19. und 20. Jahr-

Die Boberger Dünen sind Teil einer jahrtausendealten Dünenkette, die sich bis weit über Geesthacht hinaus parallel zur Elbe erstreckt.

hundert der industrielle Abbau des Sandes. Er wurde für den Bau von Bahntrassen und für die Stabilisierung der Marschflächen in Billwerder und Hammerbrook gebraucht. Nur weil sich die Kaufleute nicht auf einen Preis einigen konnten, machten die Bagger schließlich halt. Die Dünen stehen seit 1988 – wie seit 1991 auch die gesamte Niederung – unter Naturschutz. Vier Rundwege führen durch die Landschaft. Auf dem Dünen-, Moor-, Terrassen- und Wiesenweg können die Spaziergänger dem Gesang der größten Nachtigallen-Population der Hansestadt lauschen, in den Trichtern der Dünen sogenannte Ameisenlöwen (die Larven der Ameisenjungfern, einer Netzflüglerart) entdecken und auf den sonnigen Geesthängen Orchideen wie den Großen Händelwurz bestaunen. Durch die Lüfte fliegen schöne Schmetterlinge wie das Blutströpfchen – und Segelflugzeuge, die auf einer Wiese in der Boberger Niederung abheben und landen.

Anfahrt: Boberger Furtweg 44

Botanischer Garten der Universität Hamburg

Wo die Menschenfressertomate wächst ...

Im Botanischen Garten Klein Flottbek mit dem zweiten Standort, den Tropengewächshäusern in „Planten un Blomen", sprießen nicht nur Bambusblätter und Gartenblumen, sondern immer wieder die Menschenfressertomaten (*Solanum viride*). Auf den Fidschi-Inseln verspeisten noch im 19. Jahrhundert die Ureinwohner bisweilen Menschenfleisch. Weil der Verzehr der eigenen Spezies den Verdauungstrakt vor eine schwere Belastungsprobe stellt, nutzten die Kannibalen das Nachtschattengewächs, dessen Beigabe den Braten nicht so lange im Magen verweilen ließ.

Mit solchen und vielen anderen Gewächsen grünt das Gartenparadies seit Ende der 1970er-Jahre – nach Erweiterung und Umzug des Botanischen Gartens vom Dammtor (→ *Planten un Blomen*) – auf einem 25 Hektar großen Gelände in Klein Flottbek. Wer den Bambusgarten am Eingang durchschreitet, erlebt eine Oase aus imposanten Bäumen und filigranen Blüten, einen Duft- und Tastgarten und sogar eine kleine Wüste. Sie befindet sich in einer der beiden gläsernen Pyramiden, die der Präsident der Vereinigten Arabischen Emirate dem Botanischen Garten der Universität Hamburg im Jahr 2004 geschenkt hat.

Seit 2012 trägt das Paradies mit mannigfaltigen Blütenwundern den Namen der Umweltschützerin Loki Schmidt (1919–2010). In einem weiteren Gebäude, dem Loki-Schmidt-Haus, können sich die Besucher über Nutzpflanzen – zum Beispiel den Kaffeeanbau – informieren. Wenn sich die europäischen Apfelexperten (Pomologen) zu ihrem Apfelfestival Europom treffen, sind sie gern gesehene Gäste im Loki-Schmidt-Haus.

Ein Treffen von Züchtern der Menschenfressertomate ist freilich nicht bekannt.

Ohnhorststraße, gegenüber S-Bahnhof Klein Flottbek,
T. 040 42816476 (Verwaltung), www.bghamburg.de

Bürgerschaft

Tagsüber gehen die Bürgerschaftsabgeordneten ihrem Beruf nach. Sie arbeiten als Lehrer, Personalsachbearbeiter, Ärzte oder Rechtsanwälte. Am Nachmittag aber verwandeln sie sich in Teilzeitparlamentarier. Zwei- bis viermal im Monat tagt die 121-köpfige Bürgerschaft im → *Rathaus*. Die Sitzung beginnt um 15 Uhr und dauert selten weniger als fünf Stunden. Dazu kommen die Termine in den Fachausschüssen, Wahlkreisen und Fraktionen sowie Bürgersprechstunden, öffentliche Veranstaltungen und Empfänge.
Wer Abgeordneter der Hamburgischen Bürgerschaft ist, erhält für diesen Aufwand eine monatliche Diät von 2641 Euro (Stand: 2015). Zum Vergleich: Wer zum Beispiel im niedersächsischen Landtag in Hannover sitzt, bekommt rund 6500 Euro im Monat. Ein Abgeordneter der Bündnisgrünen in Hamburg rechnet vor: Als Mitglied der Bürgerschaft erhält auch er 2641 Euro. Darauf zahlt er rund 25 Prozent Einkommenssteuer, dazu kommt die obligatorische Spende für die eigene Partei. In seinem Fall sind das 316 Euro. Krankenversichert ist er durch seinen Hauptberuf. Bleiben unterm Strich 1600 Euro.

Blick in den Plenarsaal der Hamburgischen Bürgerschaft

In diesen Zahlen spiegelt sich eine besondere parlamentarische Struktur, die es nur in den Stadtstaaten Bremen, Berlin und Hamburg gibt. Das Berliner Abgeordnetenhaus sowie die Bürgerschaften von Bremen und Hamburg sind Teilzeitparlamente. Damit fällt die Vergütung deutlich niedriger als in den Vollzeitparlamenten aus. Bis zum Jahr 1996 galt die Hamburger Bürgerschaft sogar als „Feierabendparlament“ im Ehrenamt. Aber die noch immer vergleichsweise niedrigen Diäten und die auf die Nachmittags- und Abendstunden begrenzten Sitzungszeiten des Parlaments belegen, dass Abgeordnetentätigkeit auch heute noch als Teilzeitjob verstanden wird.
Bis die Bürgerschaft im Jahr 1919 erstmals nach allgemeinem Wahlrecht bestimmt wurde, herrschte in der Hansestadt der Honoratioren das Prinzip der Oligarchie (griechisch: „Herrschaft von wenigen“). Bereits im Ersten → *Rezess* von 1410, der die politischen Rechte der Bürger verankerte, kam nur eine solvente Minderheit zum Zug: Die Bürgerschaft umfasste alle männlichen, volljährigen Inhaber des Bürgerrechts. Und diesen Status erhielt im Mittelalter nur, wer in Hamburg Grundbesitz hatte, mit seinem Bürgereid Treue gelobte, kostspielige Aufgaben übernahm und Bürgergeld zahlen konnte.
Zwar stand dem Rat (heute „Senat“) seit 1529 die „Erbgesessene Bürgerschaft“ gegenüber. Aber auch diese rekrutierte sich nur aus jenen Hamburgern, die über unbelasteten, frei vererbbaren Grundbesitz in der Stadt verfügten und deshalb das Recht hatten, den Rat zu kontrollieren, indem sie gewählte Vertreter in die sogenannten Bürgerlichen Kollegien entsandten. Ab 1860 gab es dann die Bürgerschaft als gewählte Volksvertretung, aber das Wahlrecht war weiterhin auf privilegierte männliche Hamburger beschränkt.
Heute ist in der Hansestadt das parlamentarische Regierungssystem selbstverständlich, in dem plebiszitäre Elemente (Volksbegehren, Volksentscheid) eine wachsende Rolle spielen. Die Verfassung war 1971 bundesweit sogar eine Vorreiterin: Erstmals im Nachkriegsdeutschland wurde in einer Landesverfassung die Rolle der parlamentarischen Opposition festgeschrieben.

Außer in den Jahren von 1953 bis 1957 und von 2001 bis 2011, in denen die CDU den Ersten Bürgermeister stellte, regierte die SPD im Rathaus. Gelegentlich schafften es politische Newcomer in die Bürgerschaft und in den Senat. Der umstrittene Amtsrichter Roland B. Schill, der stets eine Pistole bei sich führte, brachte es in Hamburg von 2001 bis 2003 zum Zweiten Bürgermeister und Innensenator.

Hamburgische Bürgerschaft,
Rathausmarkt 1, T. 040 42831-2409
(Bürgerschaftskanzlei, Öffentlichkeitsarbeit und Protokoll),
www.hamburgische-buergerschaft.de

Chilehaus

Im Jahr 1869 wanderte der Unternehmer Henry B. Sloman (1848–1931) von Deutschland nach Chile aus, um dort als Salpeterproduzent sein Glück zu suchen. 30 Jahre später kehrte er von den südamerikanischen Salpeterminen nach Hamburg zurück – als reicher Mann. In einem Ranking aus dem Jahr 1912 wird Sloman als der vermögendste Hamburger geführt.
Ausgerechnet während der Inflationszeit kaufte er 1922 an der Fischertwiete zwei Grundstücke. Dort wollte er seinen Traum von einem modernen Kontorhaus, in dem nicht eine, sondern mehrere Firmen ihren Sitz haben, in die Tat umsetzen. In einem Architekten, den sie bald den „Klinker-Sticker" nannten, fand der Kaufmann einen geeigneten Mitstreiter: Fritz Höger (1877–1949) entwarf die spektakulären Pläne für einen Skelettbau, der außen von einer robusten → *Backstein*fassade umgeben wird, während die Innenräume je nach räumlichen Bedürfnissen flexibel gestaltet werden können.
Was in seiner Funktionalität zum Teil bereits erprobt war, suchte architektonisch seinesgleichen: Die markante Spitze am östlichen Ende des Klinkerbaus erinnert an die Form eines Schiffbugs. Das spitz in den Hamburger Himmel ragende Dach gehörte nach der Eröffnung 1924 zu den am häufigsten fotografierten Gebäuden Deutschlands.
Fritz Höger ließ im Auftrag des Salpeter-Unternehmers für das Kontorhaus immerhin 4,8 Millionen Klinkersteine aus der Bockhorner Klinkerziegelei verbauen. Dass die gebrannten Ziegelsteine der zwischen Westerstede und Wilhelmshaven gelegenen Firma etliche Makel hatten, störte den expressionistischen Baumeister kaum. Einmal notierte er: „Erwähnt sei noch, dass ich für die Fronten des Chilehauses ausgerechnet Ausschussklinker wählte, die sonst normalerweise allenfalls für Schweineställe, Fußboden-Pflasterungen gut genug gehalten würden. Mir aber waren diese deformierten Brocken für meinen Riesenbau gerade so gut, nur durch ihre natürliche Knupperigkeit, so wie sie durch höchste Feuersglut wurden, waren sie mir lieb, nur ihnen verdanke ich einen Großteil der Wirkung des

Das von Fritz Höger 1922–1924 errichtete Chilehaus (links)

Riesenbaus, durch sie erhielt der Bau seine Beschwingtheit und nahm dem Riesen seine Erdenschwere."
Tatsächlich ist das Gebäude – mit dem Namen Chilehaus eine bleibende Erinnerung an die chilenischen Salpeterminen Slomans – in seiner Opulenz kaum zu überbieten. Zehn Stockwerke bieten 36 000 Quadratmeter Platz. 2800 filigrane Fenster vollenden die Fassade des expressionistischen Backsteinbaus, der an der → *Speicherstadt*-Seite schwer und wuchtig wirkt, Richtung Osten aber dynamisch. Der Backstein aus Bockhorn und Grabstede wurde gezielt zu einzelnen Mustern zusammengesetzt. Geschickt nutzte der Architekt die starke Spiegel- und Reflexwirkung der unregelmäßig gebrannten Klinker.
Dass es sich um ein weltweit einmaliges Gebäude handelt, ist den Hamburgern schnell bewusst geworden. Im Jahr 2015 schließlich wurde das Chilehaus mit dem angrenzenden → *Kontorhausviertel* und der Speicherstadt ins UNESCO-Weltkulturerbe aufgenommen. Mit dieser Entscheidung würdigte das Welterbekomitee den außergewöhnlichen universellen Wert dieses innerstädtischen Ensembles.
Das Chilehaus gehört heute einem Immobilienfonds. Die Büros sind unter anderem an Ladenbetreiber, Kultureinrichtungen, Firmen und Restaurants vermietet.

Burchardplatz

Christianeum

Christian VI., König von Dänemark und Norwegen, Herzog von Schleswig und Holstein, Graf von Oldenburg und Delmenhorst, war ein gottesfürchtiger Mann. Nicht von ungefähr zierte das Siegel seiner Altonaer Schulgründung der lateinische Spruch:

„Supernis Alimur Viribus“

(sinngemäß: „Von oben kommt die Kraft, die uns erhält“). 1738 hatte der Monarch die 1724 eröffnete „Friedrichsschule“ im dänischen Altona in den Rang eines Akademischen Gymnasiums erhoben. 1744 erhielt sie, passend zum Monarchen, den Namen „Christianeum“. Auf den Lehrplänen im 18. Jahrhundert stand zum Beispiel montags von acht bis neun Uhr das Fach „Erdbeschreibung“, sonnabends wurde Biblische Geschichte unterrichtet. Wichtig waren darüber hinaus Latein und Hebräisch, römische Chronisten wie Eutropius und „Mathematick“.
Dieser Mix aus alten Sprachen und Naturwissenschaften ist bis heute geblieben. In der ältesten Schule in Hamburgs Westen, die ihren 1972 eröffneten und in ihrer Geschichte bereits dritten Standort in der Otto-Ernst-Straße hat, können die Schüler inzwischen sieben Fremdsprachen lernen, darunter auch Chinesisch. Von den glanzvollen Zeiten der papiernen Bibliothekswelt künden im Zeitalter der Digitalisierung die Lehrerbibliothek mit 30 000 Bänden sowie weitere Buchsammlungen. Klassische Philologie, die Geschichte Schleswig-Holsteins sowie die Stadtgeschichte Altonas sind Schwerpunkte der einzigartigen Sammlung.
Zu den bekannten Schülern zählen unter anderem der Kunsthistoriker Alfred Lichtwark (1886 bis 1914 Direktor der Hamburger Kunsthalle), Heinrich Christian Schumacher (Gründer der 1823 bis 1871 bestehenden Sternwarte Altona in der Palmaille 9), und der Historiker Theodor Mommsen (erhielt 1902 den Literatur-Nobelpreis für seine „Römische Geschichte“).

Otto-Ernst-Straße 34, Hamburg-Othmarschen,
T. 040 42888280, www.christianeum.org

Cruise Terminals

Als der britische Oceanliner „Queen Mary 2", damals das größte Kreuzfahrtschiff der Welt, am 19. Juli 2004 erstmals am Cruise Terminal in der → *HafenCity* festmachte, ahnte wohl kaum ein Zuschauer, dass Hamburg einmal so etwas wie der heimliche Heimathafen dieses mittlerweile legendären Kreuzfahrtschiffs sein würde. Der sonnige Sommertag wurde zu einem Datum, das als Wendepunkt für den Aufschwung der modernen Kreuzfahrtbranche in Hamburg steht. Inzwischen verfügt die Hansestadt über drei Kreuzfahrtterminals – am Grasbrook in der HafenCity, in Altona und auf der Elbinsel Steinwerder im Herzen des Hamburger → *Hafens*. Schließlich müssen jährlich mehr als 600 000 Passagiere abgefertigt werden.

Die „Queen Mary 2" hat am Kreuzfahrtterminal in der HafenCity festgemacht.

Die überraschend hohe Zahl von gut 400 000 Zuschauern, die im Juli 2004 den Transatlantik-Liner am Ufer bestaunten, deutete schon darauf hin: Jetzt nimmt die Kreuzfahrtbranche Fahrt auf. Ein Jahr später säumte sogar eine halbe Million Menschen die Elbufer bei einem erneuten Besuch der „Queen Mary 2" – in jener Stadt, in der Albert Ballin als Hamburger Reeder die Kreuzfahrt überhaupt erfunden hatte (→ *Ballindamm & Ballin-*

Die „Aida Diva“ am Hamburg Cruise Center Altona

Stadt). Die Zahl der jährlichen Schiffsanläufe liegt jetzt bei 160 und mehr. Die Reisen führen unter anderem über den Atlantik, in die Ostsee und nach Norwegen.

Die drei Hamburger Abfertigungshallen überzeugen eher durch ihre Funktionalität als mit ihrer Architektur. Es sind kastenförmige Bauten; insbesondere das 2004 errichte Terminal am Grasbrook erinnert an einen Riesencontainer. Das 2015 eröffnete Terminal auf Steinwerder wurde in Kooperation mit dem Hamburg Airport nach dem Vorbild einer Flughafenhalle entworfen. Eine Attraktion ist dagegen die für alle zugängliche Dachterrasse auf dem Cruise Center Altona. Allerdings hat das Cruise Terminal in der HafenCity einen überzeugenden Vorteil: Wer die Hamburger Innenstadt zu Fuß erkunden will, hat von hier aus die beste Ausgangsposition.

Seit die drei Standorte in Betrieb sind, können an einem Tag insgesamt 21 000 an- und abreisende Passagiere abgefertigt werden. Am leistungsstärksten ist das Cruise Center Steinwerder mit seinen beiden Gebäuden und einer Gesamtfläche von zwei Fußballfeldern. Im Vergleich zu den anderen Terminals sind An- und Abreise hier räumlich strikt getrennt. Während in Altona täglich 6000 und in der HafenCity 7000 Reisende ein- und auschecken können, sind es auf Steinwerder 8000. Dort stehen auch die meisten Parkplätze zur Verfügung.

Kapazitätsgrenzen gibt es bei der Schiffslänge und der Anzahl der Urlaubsdampfer. Während in Altona nicht zwei Kreuzfahrtschiffe gleichzeitig anlegen können und die Länge auf 300 Schiffsmeter begrenzt ist, verfügt der Grasbrookhafen in der HafenCity über eine Kapazität von 545 Schiffsmetern. Auf Steinwerder können Schiffe bis zu einer Gesamtlänge von 350 Metern anlegen. Genug Platz also für die „Queen Mary 2", die mit 345 Metern inzwischen „nur noch" das zweitlängste Kreuzfahrtschiff der Welt ist.

Die „Aida Prima" am Hamburg Cruise Center Steinwerder

Alle drei Cruise Terminals sind keine Orte, die längere Zeit zum Verweilen einladen. Wer internationale Maßstäbe anlegt und Shopping-Malls und Duty-free-Shops wie in Dubai und in der Karibik erwartet, wird in Hamburg enttäuscht: So etwas gehört an der Elbe nicht zum Konzept.

Cruise Center HafenCity, Großer Grasbrook/Chicagokai
Cruise Center Altona, Van-der-Smissen-Straße 5
Cruise Center Steinwerder, Buchheisterstraße 14
www.hamburgcruisecenter.eu/de

Davidwache

Weil sie in einem Kiez-Kino ein Kondom angezündet hatten, kamen die „Beatles" Paul McCartney und der damalige Drummer Pete Best im Dezember 1960 in eine der fünf fensterlosen, nur vier Quadratmeter großen Zellen der Davidwache. Der Vorwurf: Brandstiftung. Kurz nach ihrem unfreiwilligen Aufenthalt in Deutschlands kleinstem Polizeirevier wurden die Musiker nach England abgeschoben. Bekanntlich kamen sie wieder (→ *Star-Club*).

Dunkle Zellen, hübsches Gebäude –

im Selfie-Zeitalter fotografieren sich täglich Dutzende von Touristen vor dem berühmten Polizeikommissariat an der → *Reeperbahn*, das nach den Plänen von Fritz Schumacher gebaut und am 10. Dezember 1914 der Polizei übergeben wurde. Und nein, die 130 Polizisten, darunter etliche Kripobeamte, haben keine Zeit, sich den neugierigen Fragen der Touristen zu stellen. Diese verwechseln den fiktiven Polizistenalltag in der ARD-Vorabendserie „Großstadtrevier" mit dem wahren Leben in der Davidwache (ohne Fugen-s geschrieben).

Das Polizeikommissariat ist für einen Bezirk von gerade mal einem Quadratkilometer mit 14 000 Einwohnern zuständig. Während in den 1970er- und 1980er-Jahren Bandenkriege die Polizei in Atem hielten, sind es heute vor allem Drogenkriminalität, Diebstähle und Schlägereien. Was bei der Zahl von 200 000 Kiezbesuchern am Wochenende nicht ausbleibt.

Filmreif ist das Leben auf dem Kiez allemal. Schon 1964 drehte der Hamburger Regisseur Jürgen Roland den Film „Polizeirevier Davidswache" (mit falschem Fugen-s geschrieben), eine 48-Stunden-Nahaufnahme über die „schmutzige Meile". 1971 legte Wolfgang Staudte mit „Fluchtweg St. Pauli – Großalarm für die Davidswache" nach. Das ARD-„Großstadtrevier" nach dem Vorbild der Davidwache wird jedoch nicht auf dem Kiez, sondern in Bahrenfeld gedreht.

Spielbudenplatz 31

Dom

„So salbe ich diesen Altar im Namen des Vaters, des Sohnes und des Heiligen Geistes." Mit diesen Worten weihte im November 2008 der damalige Erzbischof Werner Thissen den 3,5 Tonnen schweren Altar im Dom St. Marien. Zuvor war das zweitürmige, 1893 im neoromanischen Stil erbaute katholische Gotteshaus im Stadtteil St. Georg für 7,8 Millionen Euro umgebaut und saniert worden.

St. Marien darf sich seit 1995, nach der Ernennung Hamburgs zum Erzbistum, „Kathedrale" (Bischofssitz) nennen. Deshalb befinden sich seit der Weihe eine moderne Sakristei sowie der Bischofsstuhl (Kathedra) mit dem Chorgestühl in der strahlend weißen Kirche. St. Marien ist die Kathedrale für 400 000 Katholiken im Erzbistum Hamburg, dem flächenmäßig größten in ganz Deutschland.

Den im Mittelalter gebauten Mariendom südlich der → *Petrikirche* gibt es nicht mehr. Er war nach der Reformation in bremischem, dann hannoverschem Besitz gewesen und 1803 an die Stadt Hamburg übergegangen. Die ließ das baufällige Gebäude

Der mittelalterliche Hamburger Dom kurz vor seinem Abriss 1804–1807

sofort abreißen und die Trümmer als Baumaterial verkaufen, nicht zuletzt deshalb, weil die kleine (protestantische) Domgemeinde die Renovierung nicht stemmen konnte.
Während der Abrissarbeiten 1804–1807 wurden sogar die Grabplatten entnommen und für die Befestigung der Hamburger Sielanlagen zweckentfremdet. Dabei ging auch ein Grabdenkmal für den italienischen Papst Benedikt V. verloren, der hier im Jahr 965 oder 966 in der Verbannung starb (→ *Hammaburg*).
Dennoch hat Hamburg mit der neuen Kathedrale zwar die kleinste Zentralkirche eines deutschen Erzbistums, dafür aber eine beachtliche Papstdichte zu bieten. Immerhin sind in der Hansestadt zwei zu finden: Der eine – Benedikt XVI. (Joseph Ratzinger) – steht als Wachsfigur im Panoptikum auf → *St. Pauli*; der andere vor dem Dom St. Marien in St. Georg: Es ist eine zwei Meter hohe Bronzestatue des polnischen Bildhauers Josef Nowak, die den polnischen Papst Johannes Paul II. (Karol Wojtyła, 1920–2005) zeigt.
Wer heute in Hamburg das Wort „Dom“ hört und nicht katholisch ist, der denkt vor allem an das Volksfest, den „DOM“ auf dem → *Heiligengeistfeld*. Es wurde nach dem 1804–1807 abgerissenen Gotteshaus benannt, in dem bei Schietwetter Märkte stattfanden.

Am Mariendom 7, T. 040 28499070 (Pfarrbüro),
www.mariendomhamburg.de

Duvenstedter Brook

Wenn es im Herbst kühler wird, suchen die Hirsche im Duvenstedter Brook nur noch eines: möglichst viele (Hirsch-)Kühe. Mit lautem Röhren gehen sie auf Brautschau – allzeit bereit, ihre Herzen zu erobern. Für einen Harem bieten die Platzhirsche all ihre Kräfte auf: Sie schlagen Nebenbuhler in die Flucht, markieren das Revier und stoßen Brunftschreie aus, bis sie heiser sind. Doch das ist viel Lärm um nichts, denn der Akt dauert nur wenige Sekunden. Dafür haben die Männer am Ende der Saison bis zu 40 Kilogramm ihres Körpergewichts verloren.

Hamburgs zweitgrößtes Naturschutzgebiet, der von Moorwäldern bewachsene 780 Hektar große Duvenstedter Brook, gilt als Wiege kapitaler Rothirsche. Und das sogar weltweit. Im August 2002 wurde am Rande des Reviers der Hamburger Spitzenhirsch namens Kastor erlegt. Mit 14,6 Kilogramm Geweihgewicht gehört er zur Spitze deutscher Rekordgeweihe – weltweit nahm er damals sogar den sechsten Platz bei den Rothirschgeweihen ein.

Zwischen Sümpfen, Wiesen und Rapsfeldern finden die Hirsche ideale Lebensbedingungen. Ausgerechnet Karl Kaufmann, der NS-Reichsstatthalter in Hamburg, hatte 1939 die Ansiedlung des Rotwilds in dieser Region befohlen. Damals fehlte die Spezies noch vor den Toren Hamburgs. Als einzige Schalenwildart kam lediglich Rehwild vor. Die Firma Carl Hagenbeck und die Ulmer Tiergroßhandlung Julius Mohr erhielten den Auftrag des nationalsozialistischen Jägers, Hirsche aus Privatgattern in Polen und Schlesien zu besorgen. 18 Tiere wurden im Brook ausgesetzt – die Ahnen der heutigen Population. Damit die Zuwanderer aus dem Osten nicht das Weite suchten, ließ der NS-Gauleiter einen zwei Meter hohen und elf Kilometer langen Zaun um ein 250 Hektar großes Areal bauen, sein künftiges Jagdgebiet.

Schon während der NS-Zeit und nach Kriegsende schrumpfte der Bestand des Rotwilds. Inzwischen leben im Duvenstedter Brook wieder rund 120 Exemplare dieser Art. Längst ist das Naturschutzgebiet, dessen Name „Brook“ an sumpfiges Gelände

Der Duvenstedter Brook, Naturschutzgebiet im Nordosten Hamburgs

erinnert, für seine Artenvielfalt bekannt. Wo urwaldähnliche Laubwälder, Moore, Wiesen und Sümpfe nahtlos ineinander übergehen, leben mehr als 150 verschiedene Vogelarten. Dazu gehören relativ seltene Vögel wie der Seeadler. Und seit einigen Jahren die stolzen Kraniche, die hier im Frühjahr brüten. Aus der Erde sprießen derweil gelbe Anemonen und das Gefleckte Knabenkraut, eine Orchideenart. Mit ein wenig Glück können nächtliche Besucher auch das Rufen der Uhus hören. Doch Vorsicht: Mit der Dämmerung sind mancherorts Wildschweine unterwegs, die an den Wegesrändern im Boden nach Nahrung wühlen.

Auf gut ausgeschilderten Wanderwegen können Spaziergänger Hamburgs nördlichstes Wildreservat erkunden. Allerdings herrscht absolutes Hundeverbot. Für die Beobachtung des Rot- und des Damwilds stehen insgesamt acht Aussichtspunkte zur Verfügung. Bei der Brunft im September und Oktober ist das Röhren der Rothirsche weithin zu hören.

Nur eines kann diese tierische Energie stoppen: das Wetter. Bei schwülwarmer Luft und starkem Wind hört und sieht man die Platzhirsche nur ganz selten. Dafür befinden sich jeden Tag zahlreiche Verkehrsflugzeuge über den Duvenstedter Brook im Sinkflug. Was das wunderbare Naturerleben dann doch ein wenig stört.

Anfahrt: Duvenstedter Triftweg

Elbbrücken

Karl Sieveking (1787–1847), als Senatssyndikus (= Justitiar) viel auf Reisen, beklagte 1828, wie gefahrvoll der Übergang über die Elbe von Harburg nach Hamburg sei. Weil es keine Brücke gab, musste er „teils zu Schiff, teils auf einem Bauernwagen über Wilhelmsburg, teil zu Fuß zwischen zwei Schiffen auf langen Stangen" an das andere Ufer. Zuvor hatte Napoleon während der französischen Besatzungszeit 1813/1814 die erste Brücke über die Elbe bauen lassen, die von Hamburg über die Insel Wilhelmsburg bis nach Harburg führte. Doch das hölzerne Bauwerk hielt den harten Wintern nicht stand.

Heute verbinden 133 Brücken allein die Elbinseln. Es gibt sogar bewegliche wie die Rethe-Hubbrücke an der Mündung des Reiherstiegs (Altbau 1934; Neubau 2016). Die Kattwyk-Brücke über die Süderelbe galt im Eröffnungsjahr 1973 als größte Hubbrücke der Welt. Als eine der drei Querungen über die Süderelbe ist diese Trasse für den Schienen- und Straßenverkehr ein strategischer Knotenpunkt im → *Hafen*. Bei Durchfahrt eines Schiffes wird die Brücke für den restlichen Verkehr gesperrt und für die Wasserstraße geöffnet.

Zu den spektakulärsten Querungen zählt die Köhlbrandbrücke – Hamburger Wahrzeichen und wichtigste Ost-West-Verbindung im Hafen. Täglich donnern auf einer Höhe von 54 Metern mehr als 36 000 Fahrzeuge, davon rund 12 000 Lkw, über den Asphalt – atemberaubender Elbblick inklusive. 75 Pfeiler und 88 Stahlseile sorgen bei einer der längsten Stahlseilbrücken Europas für Stabilität. Jedes Stahlseil trägt rund 400 Tonnen. Die Trasse verbindet die Elbinsel Wilhelmsburg mit der Autobahn A 7, Waltershof und Steinwerder.

Im Jahr 1968 beschlossen, dauerte der Bau der Schrägseilbrücke (Entwurf: Paul Boué und Egon Jux) von 1970 bis 1974. Zur Eröffnung war Bundespräsident Walter Scheel angereist, und 600 000 Hamburger konnten das inklusive Auffahrten 3,9 Kilometer lange Bauwerk an drei Tagen inspizieren. Dann wurde der Verkehr auf der Köhlbrandbrücke freigegeben. Für Fußgänger, Rad- und Mofafahrer ist sie nach wie vor gesperrt.

Am 20. September 1974 wird die Köhlbrandbrücke im Beisein von Bundespräsident Walter Scheel (am Rednerpult) und Hamburgs damaligem Ersten Bürgermeister Peter Schulz eingeweiht.

Ausnahmen stellen ausgewählte Sportereignisse und die jährliche Fahrradsternfahrt des Aktionsbündnisses „Mobil ohne Auto“ dar.

Die laufenden Sanierungsarbeiten haben in den vergangenen Jahren die Kosten explodieren lassen. Die Hamburg Port Authority (HPA) als Betreiber hat angekündigt, dass sie das Bauwerk nur noch bis 2030 wirtschaftlich betreiben kann. Danach sei Schluss. Inzwischen gibt es Pläne für einen Neubau. Er soll noch höheren Containerschiffen die Durchfahrt ermöglichen. Die Fahrbahn befindet sich dann in einer Höhe von rund 70 Metern.

Für die pulsierende Metropole ebenfalls unverzichtbar sind die Neue Elbbrücke über die Norderelbe mit den markanten Fischbauchträgern, 1887 erbaut, und die Eisenbahnbrücken über die Norder- und Süderelbe. Dagegen ist die Alte Harburger Elbbrücke, auf der bis in die 1970er-Jahre noch eine Straßenbahn fuhr, heutzutage ausschließlich für Fußgänger und Radfahrer reserviert.

Elbchaussee

Vierländer Ente mit krosser Haut und zartem Fleisch – zu genießen in der Elbchaussee 130 im „Landhaus Scherrer". Champagner auf der Lindenterrasse und Trüffel auf dem Teller – serviert in der Elbchaussee 401–403 im „Louis C. Jacob". Dazwischen liegen prachtvolle Villen, romantische Parkanlagen, das chinesische Generalkonsulat.

„Die schönste Straße der Welt"

nannte einst der Dichter Detlev von Liliencron (1844–1909) die parallel zum Strom verlaufende, 8,5 Kilometer lange Elbchaussee.

Wer hier residiert, hat es geschafft. Diese Adresse signalisiert Sozialprestige und → *hanseatische* Noblesse. Wobei es da einen feinen Unterschied gibt: Die „nasse" Seite, stadtauswärts links gelegen, gilt als „Butterseite", denn von dort aus gibt es freie Blicke auf die Elbe. Aber selbst die „Margarineseite" brilliert mit klassizistischen Bauten.

Motiv an der Elbchaussee: Max Liebermanns Gemälde „Terrasse im Restaurant Jacob in Nienstedten an der Elbe", Öl auf Leinwand, 1902/1903 (Hamburger Kunsthalle)

Ursprünglich war die Elbchaussee lediglich ein Weg, der von → *Ottensen* bis nach → *Blankenese* führte, später eine Landstraße. Kaufleute, Reeder und Bankiers ließen sich in dieser bevorzugten Lage repräsentative Anwesen bauen.
Aber auch Künstler wie Max Liebermann, Filmschauspielerinnen wie Sophia Loren und Literaturnobelpreisträger wie Gerhart Hauptmann wirkten hier. Der eine malte die Lindenterrasse vom „Louis C. Jacob", zu bewundern in der Hamburger Kunsthalle (→ *Kunstmuseen*), die andere spielte, wen wundert's, in einem Film mit („Die Eingeschlossenen von Altona", 1962). Und der Literaturnobelpreisträger wohnte zeitweise an der Elbchaussee.
Ein bisschen aber hat diese Straße an Glanz verloren. Historische Bauten werden mancherorts durch sündhaft teure, aber nicht unbedingt stilvolle Gebäude ersetzt. Besorgt titelte das „Hamburger Abendblatt" im Juni 2013: „Verliert die Elbchaussee ihr Gesicht?" Dazu kommt das hohe Verkehrsaufkommen auf einer Straße, die früher tatsächlich einmal die schönste der Welt war.

Landhaus Scherrer, Elbchaussee 130, T. 040 883070030, www.landhausscherrer.de
Louis C. Jacob, Elbchaussee 401–403, T. 040 822550, www.hotel-jacob.de

Elbphilharmonie

„Jeder Quadratzentimeter ist etwas Besonderes."

Das versprachen die Makler in einer Anzeige für Hamburgs teuerste Immobilie und sicherten unbedingte Diskretion zu. In dem „Baukunstwerk" Elbphilharmonie würden in einer Höhe von 40 bis rund 110 Metern 45 exklusive Wohnungen „einer beispiellosen Kategorie" geschaffen. Inzwischen sind wohl die meisten verkauft, und nach jahrelangen Planungen und explodierenden Kosten (ursprünglich: 77 Millionen Euro; finaler Stand: 865 Millionen Euro, 789 Millionen davon trägt die Stadt) spielt endlich im spektakulär umgebauten Kaispeicher A die Musik (Eröffnung: Januar 2017). Für die Eigentümer der zwischen 120 und 400 Quadratmeter großen Wohnungen ist der Weg in das Konzerthaus nicht weit, das eines der besten der Welt werden und in einem Atemzug mit der Oper von Sydney genannt werden will. Sie gleiten im Lift einfach ein paar Etagen tiefer. Schließlich haben sie für ihre prestigeträchtige Kauftrophäe zwischen 25 000 und 35 000 Euro pro Quadratmeter bezahlt. Elbblick, repräsentative Lobby und Concierge-Service inklusive.
Jeder Quadratzentimeter ist etwas Besonderes – das gilt für das gesamte, seit 2003 geplante Gebäude am Eingang zur → *HafenCity*. Das Baseler Architektenteam Herzog & de Meuron hat auf 1700 Stahlbetonpfählen einen gläsernen Gebäudekomplex geschaffen, zu dem neben drei Konzertsälen und den Luxuswohnungen auch ein Hotel (244 Suiten und Zimmer) sowie die Plaza in einer Höhe von 37 Metern gehören, die frei zugänglich ist und einen Rundumblick über die Stadt gewährt.
Das Herzstück ist freilich der Große Saal in 50 Metern Höhe, der Platz für 2100 Konzertbesucher bietet und mit seinen 10 000 akustikfreundlichen Gipsfaserplatten und dem sogenannten Weinberg-Prinzip ein Gesamtkunstwerk ist. Orchester und Dirigent musizieren mitten im Saal, wie Weinberg-Terrassen sind die Publikumsreihen rund um das Podium angeordnet. Für die perfekte Akustik auf Weltniveau beauftragte die Hanse-

Rechts die Elbphilharmonie, davor das Museumsschiff „Cap San Diego“, links das Hanseatic Trade Center auf der Kehrwiederspitze

stadt als Bauherrin den japanischen Akustiker Yasuhisa Toyota, der eigens eine „weiße Haut“ aus Gipsfaserplatten entwickelte. Mit Tönen, deren Frequenzen höher waren als die Laute von Fledermäusen, optimierte der Japaner in einem fünf mal fünf Meter großen Sperrholzmodell den Klang des Konzertsaals. Das Modell ist jetzt im Elbphilharmonie-Pavillon auf den Magellan-Terrassen zu besichtigen.
Auch jene, die aus der Ferne die Elbphilharmonie auf dem Kaiserkai betrachten, erleben die architektonische Faszination des Bauwerks mit dem sphärisch gekrümmten Dach, das allein 100 Tonnen wiegt. Es ist die einzigartig schillernde Glasfassade mit ihren 1000 einzelnen Elementen, die das Kunstwerk futuristisch vollendet. Die Glasscheiben mussten bei einer Temperatur von 600 Grad Celsius bis auf den Millimeter genau gebogen werden. Vor allem aber, das versprechen die Ingenieure, halten sie Windgeschwindigkeiten von bis zu 150 Stundenkilometern und sintflutartigem Regen stand. So ist die Elbphilharmonie wohl für die Ewigkeit gebaut. Jedenfalls haben alle Hamburger Grund, stolz zu sein auf ihr neues städtisches Wahrzeichen, dessen eigentliche Bestimmung es ist, der Musik, dieser edlen Kunst, zu dienen.

Platz der Deutschen Einheit 1 (Kaiserkai),
T. 040 35766666 (Tickets), www.elbphilharmonie.de

Elbtunnel, Alter & Neuer

24 Meter unter der Elbe erstreckt sich ein Tunnel, der heute nicht nur bei Fotografen besonders beliebt ist. Der 426 Meter lange St. Pauli-Elbtunnel, so der offizielle Name, führt von den Landungsbrücken bis nach Steinwerder im Hamburger → *Hafen* und ist mit den beiden in fahlgelbes Licht getauchten Röhren ein exzellentes Fotomotiv. Die seitlichen Lampen, die schwach beleuchteten Kacheln an den Wänden, die Reliefs mit maritimen Elementen und die schmale Trasse für Fußgänger wie für Fahrzeuge prägen das fast schon mystische Bild eines Tunnels, den Kaiser Wilhelm II. am 7. September 1911 eingeweiht hat.
Das Bauwerk, der erste auch für Fußgänger geeignete Tunnel in Europa, sollte Werftarbeiter und Güter schnell von der einen zur anderen Seite der Elbe bringen. Die noch heute intakten vier Aufzugkörbe beförderten damals Pferdefuhrwerke. Die lichte Durchfahrtshöhe wurde demzufolge auf 4,50 Meter festgelegt, sodass der Kopf des Kutschers samt Mütze genauso durch die Röhre passte wie die schwungvoll aufgestellte Peitsche.

Mehr als 100 Jahre alt und noch immer eine wichtige Verbindung zwischen St. Pauli und der Elbinsel Steinwerder: der Alte Elbtunnel

Der seit Einweihung des Neuen Elbtunnels zwischen Othmarschen und Waltershof 1975 so genannte Alte Elbtunnel wird seit 1995 aufwendig saniert (eine Röhre ist aber immer geöffnet), damit er auch künftig ein funktionierender Verkehrsweg und einzigartiger Raum für Veranstaltungen bleibt. Denn häufig ist er ein Ort für Kunstausstellungen und Events wie den Halbmarathon. Doch nicht nur das: Jährlich durchqueren rund 300 000 Autos, 100 000 Fahrräder und 800 000 Fußgänger die unterirdische Trasse mit ihrem markanten Eingangsgebäude über der Erde – der grünen Kuppel an den Landungsbrücken. Die Fahrt kostet für Autos zwei Euro. Doch Achtung: Die schmale Straße ist für Pferde-, nicht aber für moderne Geländewagen geeignet.

Alter Elbtunnel: Bei den St. Pauli-Landungsbrücken

Es gehörte keine große prophetische Gabe dazu, als der damalige Bundeskanzler und „Hamburger Jung“ Helmut Schmidt (1918–2015) bei der Eröffnung des Neuen Elbtunnels am 10. Januar 1975 über das „fantastische Tunnelbauwerk“ sagte: „Sehr bald werden jedenfalls die Hamburger den neuen Elbtunnel als etwas ganz Selbstverständliches benutzen.“ Wenige Tage zuvor konnten rund 600 000 Hamburger die drei Röhren des 3,3 Kilometer langen und 500 Millionen D-Mark teuren Tunnels inspizieren, begleitet von zahlreichen Jazzbands und 14 Spielmannszügen.
Seitdem ist das Verkehrsaufkommen zwischen Nord und Süd stetig gewachsen. Während im Eröffnungsjahr rund 55 000 Fahrzeuge pro Tag die Trasse auf der A 7 im Westen Hamburgs nutzten, sind es gegenwärtig rund 150 000.
Am Nordportal steuert und überwacht die Tunnelbetriebszentrale eine der größten Verkehrsadern Europas. Drei Mitarbeiter sind mit einem modernen Betriebsleitsystem rund um die Uhr im Einsatz, um auf die Live-Kameras zu blicken, die Verkehrszeichenanlagen zu schalten und die Be- und Entlüftung zu kontrollieren. Im Ernstfall können sie die Fahrzeugführer per Lautsprecher informieren, die alle nur eines wollen: möglichst ohne langen Stau wieder Licht am Ende des Tunnels sehen.

Um die Verkehrsströme zu bewältigen, wurde im Jahr 2002 die vierte Elbtunnelröhre eröffnet. Beim Bau kam die größte Schildvortriebsmaschine der Welt zum Einsatz, produziert von der südbadischen Herrenknecht AG. Die sonst so anglophilen Hanseaten gaben ihr den schönen deutschen Namen:

TRUDE = Tief Runter Unter Die Elbe.

Und das waren an der tiefsten Stelle gut 27 Meter. Die gefräßige Dame mit dem Gesamtdurchmesser von 14,20 und der Länge von 60 Metern fräste sich von Oktober 1997 bis März 2000 durch rund 400 000 Kubikmeter Erdreich. Täglich schaffte sie eine Strecke von sechs Metern.

Maschinen werden, wenn sie ausgedient haben, verschrottet. Bei TRUDE war das anders. Heute steht das 380 Tonnen schwere Schneidrad des High-Tech-Bohrers im Museum der Arbeit in Hamburg-Barmbek, direkt am Osterbekkanal.

Die Speichen des Schneidrads waren damals eine kleine technische Sensation, denn sie sind begehbar. Die Vortriebsmannschaft konnte auf diese Weise die Abbauwerkzeuge von innen auswechseln.

Das Museum der Arbeit dokumentiert mit TRUDE, wechselnden Ausstellungen und vielen technischen Exponaten die Industriegeschichte der vergangenen 150 Jahre. Wo sich einst die Produktionsstätte der „New-York Hamburger Gummiwaaren Compagnie“ befand, kann nunmehr in einem Denkmalsensemble die Geschichte der Arbeit mit Walzen, historischen Pressen oder Büromaschinen erlebt werden.

Neuer Elbtunnel: A 7 zwischen Othmarschen und Waltershof
TRUDE: Museum der Arbeit, Wiesendamm 3, T. 040 4281330,
www.museum-der-arbeit.de

Entenwerder

Am Elbufer von Rothenburgsort haben goldene Zeiten begonnen. Da können Spaziergänger auf der Halbinsel Entenwerder vor einer besonderen Kulisse auf einem goldfarbenen Ponton Latte Macchiato und leckeren Käsekuchen genießen und Kinder im Verein Entenwerder Elbpiraten e.V. kostenlos das Segeln lernen. Wahrzeichen ist seit 2015 ein fast zwölf Meter hoher „Goldener Pavillon", der Raum für Kunst, Kultur und zum Verweilen bietet. Am Ufer der Norderelbe wachsen zahlreiche Pyramidenpappeln in der 1997 fertiggestellten Parkanlage (mit Grillplätzen); die Besucher genießen den Blick auf Industrieromantik und → *Elbbrücken*, unter denen hindurch man sogar auf durchgehendem Weg von den Deichtorhallen aus per Rad hierher gelangen kann.

Vor einigen Jahren hätte noch niemand gedacht, dass dieser südlichste Zipfel des Stadtteils Rothenburgsort eines Tages aus dem Dornröschenschlaf erwachen würde. Es waren Thomas Friese, Gründer des Hamburger Mode-Unternehmens Thomas i-Punkt, und seine Tochter Alexandra Friese, die sich in den spröden Charme Entenwerders verliebten. Dazu kam, dass die Firma in Rothenburgsort ihren Sitz hat (Hardenstraße 9), weshalb sich beide besonders verpflichtet fühlten, Entenwerder „aufzupolieren".

Nach mehrjährigen Entscheidungsprozessen steckte die Stadt gut eine Million Euro in das Projekt. Den begehbaren „Goldenen Pavillon" aus kupfernem Lochblech holten die Initiatoren aus Münster. Dort war er Teil des Kunstevents „Skulptur. Projekte" (2007) und sollte eigentlich eingeschmolzen werden.

Auf dem 600 Quadratmeter großen Ponton lässt es sich nun bei frisch geröstetem Kaffee citynah träumen. Thomas Friese: „Wer einmal hier war, wird plötzlich wieder zum Kind, ist Flussschiffer mitten auf der Elbe und kann sich des Zaubers dieses Ortes nicht erwehren."

Elbpark Entenwerder, Rothenburgsort,
zwischen Alexandrastieg und Elbe
Café Entenwerder, Entenwerder 1, T. 040 70293588

Fischmarkt

Was ist nur mit „Aale-Dieter" los? Der Mittsiebziger klopft keine flotten Sprüche und schnalzt keine Kosenamen („Silberlocke", „Zuckertaube"). Nicht mal mehr ruft Dieter Bruhn, 2002 vom Manager-Magazin in die Riege der „Top 10-Verkäufer" in Deutschland gekürt, zum Kauf seiner Delikatessen auf. Den Rücken zur Käuferschar gewandt, steht er in roten Hosenträgern und Fischerhemd vor seinem Verkaufswagen und zählt Geld. Die Einnahmen eines Sonntagmorgens. Es ist 10 Uhr, und „Aale-Dieter", ein Hamburger Fischmarkt-Original wie „Bananen-Fred" und „Käse-Tommi", hat Feierabend. Jetzt will er nur noch nach Hause, ab unter die Dusche und Mittag essen. Ente.

Seit mehr als 300 Jahren ist der Fischmarkt eine Attraktion.

Sie lockt heute an durchschnittlichen Sonntagen gut 70 000 Besucher an. Von 5 bis 9.30 Uhr; in der Zeit von Oktober bis März ab 7 Uhr. 700 Händler bauen jeden Sonntag – der Fischmarkt ist in seiner Geschichte noch niemals ausgefallen! – auf einer Fläche von 21 000 Quadratmetern den berühmten Wochenmarkt direkt an der Elbe auf.

Bekanntlich gibt es dort mehr als Fisch zu kaufen. Frisches Obst für 'n Appel und 'n Ei, dazu Dinge, die man sonst kaum braucht wie Kokosnusskappen und T-Shirts mit der Aufschrift „Ich bin dick – du bist hässlich". Kaufen kann man hier praktisch alles. Handys, Lederportemonnaies, Grünpflanzen, Frikadellen, Currywurst. Und, natürlich, Fischbrötchen. Selbst lebende Hühner und Kaninchen werden feilgeboten. Da erinnert der Fischmarkt an die Rambles von Barcelona.

Die Anfänge des Fischmarkts gehen auf die Ratsverordnung der ehemaligen Hamburger Nachbarstadt Altona aus dem Jahr 1703 zurück, ihr Titel: „Magistratus-Verordnung wegen der Fische". Damit die Fischer, die am Wochenende vom Fang heimkehrten, „nicht in eußersten Ruin gerathen", wurde ihnen erlaubt, „des Sonntags Morgen bis die Glocke halbe neune", also bis zum

Gottesdienst, ihre Ware in der Großen Elbstraße, nahe der Hamburger Grenze, zu verkaufen. Der Fisch sollte also möglichst frisch zu den Konsumenten kommen. Ab 1861 wurde gleich nebenan auf der Hamburger Seite ebenfalls ein Fischmarkt abgehalten, der schließlich mit dem Altonaer zusammenwuchs.

Inzwischen haben holländische Blumenhändler, türkische Gemüseverkäufer und Textilien feilbietende Vietnamesen die Meile zwischen den St. Pauli-Landungsbrücken und dem Designcenter „Stilwerk“ erobert. „Alles ist größer und weitläufiger geworden“, erinnert sich „Aale-Dieter“, der seit mehr als 50 Jahren feinste Ostsee-Aale und Lachs unters Volk bringt. Manchmal gehe es zu wie auf einem orientalischen Basar, so viel Krimskrams gebe es hier, sagt Dieter Bruhn.

Kaum ein Touristenbus, der am Sonntagmorgen hier nicht hält, kaum eine große Familienfeier, deren Wochenendprogramm nicht nach dem ersten Hahnenschrei auf den Fischmarkt führt und in der historischen Fischauktionshalle bei Live-Musik seinen Abschluss findet.

Längst ist der Fischmarkt nicht nur in Hamburg eine Institution, sondern auch in München. Die bayerische Landeshauptstadt wird regelmäßig vom „Hamburger Fischmarkt auf Reisen“ beglückt. Auf dem Wittelsbacherplatz duftet es dann nach geräuchertem Lachs und gegrillten Scampi. So ist der Fischmarkt, der an seinem Originalstandort bei Sturmfluten überschwemmt wird, zu einem → *hanseatischen* Exportschlager geworden. Seine Erfolgsgeschichte ist nicht zuletzt Verkaufstalenten wie „Aale-Dieter“ zu verdanken.

Große Elbstraße/Fischmarkt,
So 5–9.30 Uhr (Nov–März 7–9.30 Uhr),
www.hamburg.de/fischmarkt

Fleete

Die Elbe beeinflusst mit Ebbe und Flut auch jene von Mauern umgebenen Wasseradern in der City – die Fleete. Anders als Kanäle sind Fleete (niederdeutsch für „Fließe") tideabhängig. Herrscht Ebbe, fallen sie – wie das Nikolaifleet – teilweise trocken. Was früher die „Fleetenkieker" auf den Plan rief. Sie hatten ursprünglich für die Schiffbarkeit und Reinhaltung der Fleete zu sorgen, später nannte man so die Abfallsammler, die bei Ebbe nach angeschwemmten, noch brauchbaren Gegenständen suchten.
Das gut einen Kilometer lange Alsterfleet verbindet die Außen- bzw. Binnenalster mit der Elbe. Und das historische Nikolaifleet, der ursprüngliche Hauptmündungsarm der Alster, gilt als Wiege des Hamburger → *Hafens*, denn dort befand sich der alte Binnenhafen. Ans Nikolaifleet schmiegt sich die Deichstraße mit Kontor- und Bürgerhäusern aus dem 17. und 18. Jahrhundert. Sie repräsentieren die Architektur der Hansestadt vor dem → *Großen Brand* im Jahr 1842, der übrigens genau hier, in der Deichstraße, ausbrach.
Hamburgs Fleete gehören zu einem weitverzweigten System der Wasserstraßen und Kanäle. Rund 2500 Viadukte und Brücken schwingen sich über → *Alster & Elbe* (siehe auch → *Elbbrücken*), über Fleete und Kanäle, Straßen und Bahngleise – fünfmal mehr als in Venedig und mehr als in Amsterdam. Fast jede vierte Brücke ist mindestens rund 100 Jahre alt und lässt einen manchmal Überraschendes entdecken. Wer zum Beispiel auf der Mühlenbrücke steht und auf das Nikolaifleet schaut, entdeckt über dem Wasser eine 40 Meter lange „Fischtreppe". Dank der 1,5 Millionen Euro teuren Fischaufstiegshilfe können seit dem Jahr 2016 Stinte, Stichlinge, Meeresforellen und Lachse den Höhenunterschied von tideabhängig mehr als zwei Metern überwinden und ihre Laichplätze in der Alster erreichen.

Flutkatastrophe

Die damals elfjährige Claudia Behlau schlief in der Nacht vom 16. zum 17. Februar 1962, als die Flut kam, im Bett ihrer Eltern. Es war ein Mehrfamilienhaus in der Rotenhäuser Straße 45, nicht weit vom Aßmann-Kanal, auf der Elbinsel Wilhelmsburg. Seit Tagen herrschte in der Hansestadt stürmisches Wetter, das Tief „Vincinette" (die Siegreiche) brachte anhaltenden Sturm von der Nordsee (Windstärke 9 Beaufort) mit Windrichtung Westnordwest über Hamburg. Zusätzlich erhöhte eine Fernwelle aus dem Atlantik die Sturmflut am Pegel → *St. Pauli* um einen Meter.

Als die Flut kam, konnte sich Claudia Behlau mit ihrer Familie in Sicherheit bringen. Sie klettern mitten in der Nacht auf das Dach, nachdem die Menschen auf der Straße Alarm geschrien hatten. „Am Morgen sahen wir dann, was sich die Elbe in kurzer Zeit genommen hatte", erinnert sich die Hamburgerin. „Wir sahen Kuhkadaver und Autos im Wasser schwimmen. Und dann sahen wir Rettungsboote, in denen Leute saßen."

Bei der größten Naturkatastrophe des 20. Jahrhunderts in Deutschland starben im hamburgischen Gebiet 315 Menschen (darunter fünf Soldaten und andere Helfer; insgesamt waren es in der Küstenregion 340 Tote).

Allein im am schwersten betroffenen Stadtteil Wilhelmsburg wurden 60 000 Menschen von den Wasserfluten eingeschlossen. Viele Menschen wohnten in Lauben und Behelfsheimen und hatten die Sturmflutwarnungen entweder nicht gehört oder nicht ernst genommen. 222 Menschen kamen allein in Wilhelmsburg ums Leben.

Mehr als 20 Prozent des Hamburger Stadtgebiets standen unter Wasser; 120 000 Menschen waren insgesamt betroffen, 20 000 wurden obdachlos. Ein großer Teil der Deiche war der lang andauernden Belastung nicht gewachsen. Sie brachen an 60 Stellen auf einer Gesamtlänge von 1500 Metern. Der Wasserstand erreichte am Pegel St. Pauli eine Höhe von 5,70 Meter über Normalnull (NN) und lag damit 45 Zentimeter höher als bei der letzten schweren Sturmflut von 1825.

Dass es nicht noch mehr Tote gab, ist neben den Tausenden Helfern und dem damaligen Innensenator und späteren Bundeskanzler Helmut Schmidt zu danken. Das Nachrichtenmagazin „Der Spiegel“ schrieb in seiner Ausgabe vom 7. März 1962, also nur wenige Tage nach der Flutkatastrophe, über ihn: „Die Hansestadt Hamburg war führerlos und unfähig, einen Führer zu berufen, als die Sturmflut über sie kam. Der Führer berief sich selbst.“ Der Bundeswehr-Reservehauptmann habe „forsch, frech und furchtlos“ das „Oberkommando“ über die noch „herbeizuzaubernde Heerschauer ziviler und militärischer Hilfskräfte“ übernommen. Der 43-jährige SPD-Politiker wurde zum obersten Krisenmanager und Einsatzleiter von 40 000 Rettern, darunter mehr als 8000 Bundeswehr- und 1500 NATO-Soldaten mit ihren Hubschrauberverbänden.
Schmidt handelte damals ohne die Rückendeckung durch das Grundgesetz, als er die Bundeswehr und die NATO zur Hilfe rief. Laut Grundgesetz durfte das Militär keine Aufgaben im Inneren übernehmen. „Wir haben uns nicht an Gesetz und Vorschriften gehalten, wir haben möglicherweise die Hamburger Verfassung verletzt, wir haben sicherlich am Grundgesetz vorbei operiert. Es war ein übergesetzlicher Notstand“, begründete Schmidt seine Entscheidung. Er habe sich vor der „bedrängenden moralischen Pflicht“ gesehen, Menschen aus unmittelbarer Lebensgefahr zu retten. Inzwischen ist im Grundgesetz (Artikel 35 Absatz 2 und 3) der Einsatz der Bundeswehr bei Naturkatastrophen und besonders schweren Unglücksfällen geregelt.
Nach der Flutkatastrophe, deren materieller Schaden auf drei Milliarden D-Mark beziffert wurde, hat die Hansestadt ein umfangreiches Deichbauprogramm durchgeführt. Unter Berücksichtigung von lokalen hydrologischen Bedingungen wie dem Wellenauflauf weisen die Hochwasserschutzanlagen nun Höhen von 7,50 bis 9,25 Meter über NN auf. Bislang gab es acht Sturmfluten, die höher als diejenige im Februar 1962 waren. Den bislang höchsten in Hamburg gemessenen Scheitelwasserstand erreichte die Sturmflut im Januar 1976. Mit einem Pegel von 6,45 Meter über NN übertraf sie die deutlich die Katastrophenflut von 1962.

Franzbrötchen

Das Franzbrötchen ist in Hamburg in aller Munde. Ach, so süß schmeckt die schönste Stadt der Welt, sagen jene Hanseaten, die das Plundergebäck für längere Zeit entbehren mussten. Der Genuss wird umso intensiver, je länger sie nicht zu Hause waren. Denn außerhalb der Freien und Franzbrötchenstadt Hamburg ist das Gebäck nahezu unbekannt. Im niedersächsischen Lüneburg wird das „Franz“ lediglich „Hamburger“ genannt. Dass es beim Verzehr „backsig“ zugeht, also klebrig, stört niemanden, der nach längerem Entzug mit Appetit hineinbeißt.
Man nehme: Milch, viel Butter, Weizenmehl, Hefe, Zucker, Eier, Salz – und reichlich Zimt. Fertig ist das Frühstück!
So ahnungslos tagtäglich in Hamburg Abertausende Franzbrötchen verzehrt werden, so ahnungslos sind auch die Franzbrötchen-Wissenschaftler. Bis heute weiß keiner von ihnen genau, wer es eigentlich erfunden hat. Da hilft auch eine Franzbrötchen-Hymne nicht weiter, in der es heißt:

„Du ehrenvolles Brötchen,
weich wie Katzenpfötchen“

Mehrere Entstehungstheorien sind im Schwange, man muss sie sich nur auf der Zunge zergehen lassen. Eine Hypothese besagt, dass die Hamburger Bäcker während der französischen Besatzungszeit (1806–1814) das Croissant verfeinert und mit seiner wahren Bestimmung vollendet hätten: als Franzbrötchen.
Eine andere Theorie behauptet, der Franz’sche Bäcker aus Altona, ein Mann mit französischen Vorfahren, habe das Franzbrötchen um 1850 erfunden. Vielleicht hat auch einer einfach nur einen Baguetteteig in die Pfanne gelegt und mit Zucker und Zimt gewürzt. Möglicherweise wird die wahre Herkunft niemals geklärt. Bis dahin gilt: Guten Appetit!

50er-Schuppen

Wer ein großes Fest feiern will, ist im Hansahafen genau richtig. Im 119 Meter langen, 47 Meter breiten und 12 Meter hohen Kaischuppen 52 auf dem Kleinen Grasbrook im ehemaligen Freihafen ist Platz für 3000 Gäste, perfektes Catering inklusive. Wo einst Säcke, Fässer und Kisten und damit komplette Ladungen von Stückgutfrachtern lagerten, finden inzwischen Events statt. Doch nicht nur das. Rund um die noch erhaltenen 50er-Schuppen, von 1909 bis 1912 gebaut, gibt es hier im Hamburger → *Hafen* einen europaweit einzigartigen Ort, an dem Besucher besichtigen können, wie vor dem Boom der Containerschifffahrt der Stückgutumschlag funktionierte.

Das Schaudepot ist Teil des Hafenmuseums, einer Außenstelle des Museums der Arbeit. Erhalten geblieben sind 20 Fahrzeuge der Hafenbahn, 15 historische Kräne, der fahrbereite Stückgutfrachter MS „Bleichen" (Baujahr 1958) und das Beamtenhaus des „Schuppenvize", der für den Schutz der wertvollen Güter verantwortlich war. Betreut werden die Kaischuppen aus der Kaiserzeit von der Stiftung Hamburg Maritim. Mit ihren 1100 ehrenamtlichen Mitarbeitern will sie das maritime Erbe Hamburgs bewahren – und, wie die Schiffe, im laufenden Betrieb halten. Dabei arbeitet die Organisation mit der Stiftung Berufliche Bildung zusammen. Seit Jahren finden auf diese Weise sozial benachteiligte Menschen bei Restaurierungsarbeiten auf den Schiffen und in den Kaischuppen eine sinnvolle Aufgabe.

Erst im Jahr 2015 hat der Bund für den Aufbau eines Deutschen Hafenmuseums, betrieben von der Stiftung Städtische Museen Hamburg, die Unterstützung von 120 Millionen Euro zugesagt. Mit den 50er-Schuppen steht dafür ein zentrales Areal bereit.

Australiastraße, Schuppen 52A,
Hafenmuseum Hamburg (geöffnet April–Oktober),
T. 040 73091184, www.hafenmuseum-hamburg.de
Stiftung Hamburg Maritim,
T. 040 7511469-10, www.stiftung-hamburg-maritim.de

Gänsemarkt

Treffpunkt? Lessing-Denkmal! Der Gänsemarkt in der Hamburger Neustadt mit der 2,20 Meter hohen Bronzefigur ist ein ebenso beliebter wie markanter Ort für Verabredungen. Und sollte sich der Freund oder die Freundin einmal verspätet haben, kann man auf den Stufen des 2,50 Meter hohen Granitsockels geduldig warten.
Das 1881 aufgestellte Denkmal, vom Berliner Bildhauer Fritz Schaper geschaffen, zeigt in sitzender Pose den Aufklärer und Dichter Gotthold Ephraim Lessing (1729–1781). Der Dramatiker fand in den drei Jahren seines Hamburger Wirkens nicht nur seine große Liebe, die Kaufmannswitwe Eva König, sondern arbeitete auch höchst erfolgreich auf dem Gänsemarkt.
Auf dem Markt, der eigentlich nur ein Platz war, befand sich seit 1678 die erste bürgerliche Oper Europas, später das sogenannte Hamburger Nationaltheater (→ *Staatstheater*). Dort wirkte Lessing von 1767 bis 1769 als Dramaturg und brachte sein Stück „Minna von Barnhelm" zur Aufführung. Ab 1770 als Bibliothekar in Wolfenbüttel tätig, schrieb er sich mit seiner Hamburger Freundin Eva König regelmäßig Briefe, die zunächst mit barocker Höflichkeit „Meine liebste Madam" begannen, dann aber intimer wurden. Sieben Jahre später erfolgte die Heirat.
Mit Gänsen hat der Gänsemarkt tatsächlich etwas zu tun: Im 17. Jahrhundert war es üblich, die Gänse täglich auf dem dreieckigen Areal zu sammeln und anschließend durch das Dammtor auf die feuchten Weiden hinauszutreiben. Nach dem Abriss des → *Domes* Anfang des 19. Jahrhunderts fand auf dem Platz der Weihnachtsmarkt statt (wie auch heute wieder).
Gegenwärtig wird der Gänsemarkt aufwendig umgestaltet. Es ist geplant, den sitzenden Lessing wieder in die Mitte des Platzes zu rücken.

Grindelviertel

So viel Leben und so viel Tragödie in einem einzigen Viertel. Als der 14-jährige Jude Manfred-Moritz Bundheim am Morgen des 10. November 1938 mit seinem Fahrrad zum Frühgebet fuhr, sah er in der Bornplatzsynagoge (am heutigen Allendeplatz) einen „rötlich dunklen Schein". Hamburgs einzige frei stehende Synagoge mit der monumentalen Kuppel hatten die Nazis in der Nacht zuvor in Brand gesteckt.

Damit begann wie im gesamten Deutschen Reich auch in Hamburg eine weitere Welle der Verfolgung, Vertreibung und schließlich Vernichtung der Juden. Die jüdischen Gemeinden in Hamburg, Altona und Wandsbek hatten Anfang 1933 rund 24 000 Mitglieder. Viele von ihnen wohnten in „Klein Jerusalem", dem Grindelviertel, das nach dem → *Großen Brand* von 1842 und der Aufhebung der Torsperre 1860 immer stärker von orthodoxen Juden besiedelt wurde, während das liberal-assimilierte jüdische Großbürgertum nach Harvestehude zog.

Es kommt einem Wunder gleich, dass heute in der Hansestadt wieder rund 4000 Juden leben – viele von ihnen Zuwanderer aus Osteuropa. Die Jüdische Gemeinde mit ihrem orthodoxen Landesrabbiner hat ihren Sitz am Grindelhof. Dort, im Gebäude der von den Nazis geschlossenen, 2004 an die Jüdische Gemeinde restituierten Talmud-Tora-Schule, befindet sich das jüdische Bildungshaus, zu dem neben einer Kita die Joseph-Carlebach-Schule gehört.

Grindel ist aber noch mehr: Univiertel, Gastromeile, Bücherzeile und mit dem Programmkino „Abaton" ein beliebter Treffpunkt für Cineasten. Manche haben das Glück, in einem der zwölf Grindelhochhäuser zu wohnen, die nach ihrer Fertigstellung 1956 Hamburgs „Manhattan" genannt wurden. Dabei bot die erste Hochhaussiedlung Deutschlands, vor allem für die britischen Besatzer und ihre Familien gebaut, allerhand Luxus: Auf jeder Etage befinden sich Müllschlucker, es gibt einen überdachten Flanier- und Einkaufsweg und Tiefgaragen – und im Bezirksamt Eimsbüttel einen der typisch hamburgischen → *Paternoster*.

Große Freiheit

Die Seitenstraße der → *Reeperbahn*, unter anderem berühmt durch Helmut Käutners Film „Große Freiheit Nr. 7" mit Hans Albers und durch den → *Star-Club*, in dem 1962 die Weltkarriere der Beatles begann, steht mit Table-Dance und Striptease für die große Freizügigkeit auf → *St. Pauli*. Tatsächlich meint die „Große Freiheit" ursprünglich etwas anderes: 1611/12 wurde im damaligen Altona mit den beiden Straßen Große und Kleine Freiheit ein Freibezirk für Handwerker eingerichtet. Wer hier arbeitete, konnte gegen eine nur geringe Abgabe und ohne Zunftmitgliedschaft seinem Gewerbe nachgehen – und erhielt zusätzlich Glaubens- und Religionsfreiheit. Vor allem handwerklich qualifizierte Glaubensflüchtlinge wie Mennoniten aus den südlichen Niederlanden sowie in Altona ansässige Katholiken aus Italien nutzten die persönlichen und beruflichen Vorzüge der Freistatt, die zum Vorbild späterer Städtegründungen werden sollte, wie zum Beispiel Glückstadt an der Unterelbe, das 1617 vom dänischen König Christian IV. gegründet wurde.

Erst Anfang des 20. Jahrhunderts wurde die „Große Freiheit" zum Amüsierviertel. Im 17. Jahrhundert war sie ein Freibezirk, in dem vor allem Glaubensflüchtlinge sich unbehelligt als Handwerker niederlassen konnten.

Von der religiösen Vielfalt kündet noch heute die katholische Kirche St. Joseph. Das 1721 eingeweihte Gotteshaus an der Großen Freiheit gilt als der erste katholische Neubau in Nordeuropa seit der Reformation Martin Luthers im 16. Jahrhundert. In einem beleuchteten Gruftgewölbe unter dem Kirchenschiff ruhen die Gebeine von rund 350 Menschen. In dem sogenannten Beinhaus liegen die Schädel und Knochen dicht an dicht über- und nebeneinander. Die Toten waren zwischen 1719 bis 1871 unter der Kirche bestattet worden. Die Bombenangriffe im Zweiten Weltkrieg zerstörten Krypta und Gotteshaus, das Holz der Särge wurde später zum Heizen benutzt. Erst seit dem Jahr 2015 gibt es mit dem Beinhaus an der Großen Freiheit wieder ein würdiges Totengedenken. Bestattet sind hier insbesondere Vertreter der damaligen sozialen Elite. Das beweisen die entdeckten Stiftzähne, die aus Nilpferdzahn bestehen, was damals als zahnmedizinische Innovation galt.

St. Joseph Altona, Große Freiheit 43,
www.st-joseph-altona.de

Großer Brand

Es ist der 5. Mai 1842, gegen ein Uhr nachts, als die Nachtwächter in der Deichstraße 44 (andere Quellen nennen das Haus Nr. 38 oder 42) ein Feuer bemerken.

„Füer, Füer, Füer!“

– „Feuer, Feuer, Feuer!“, rufen die Wachleute, und die Kirchenglocken beginnen zu läuten. Das Feuer breitet sich auf dem Boden des Hauses aus, wo Lumpen, Wolle und Taue lagern. Doch die Löschmannschaften der Hamburger Feuerwehr können des Brandes nicht Herr werden. Er wird fast 80 Stunden wüten, 1750 Häuser, zwei Hauptkirchen und das Nikolaiviertel zerstören sowie 51 Menschen das Leben kosten. 20 000 werden obdachlos, rund zehn Prozent der damaligen Bevölkerung.

Am Mittag des 5. Mai besuchen die Hamburger trotz des Feuers am Deichstraßenfleet den Himmelfahrtsgottesdienst in → *St. Nikolai*. Es dauert nicht lange, da müssen sie sich in Sicherheit bringen, denn das Feuer erreicht am Nachmittag den → *Hopfenmarkt*. Gegen 16 Uhr ist der Turm der Nikolaikirche ein Raub der Flammen geworden, stürzt ein und setzt auch das Kirchenschiff in Brand.

Am Morgen des 6. Mai wird das alte Rathaus an der Trostbrücke mit 600 Pfund Pulver in die Luft gesprengt, um durch eine Schneise das Feuer aufzuhalten (heute befindet sich an dieser Stelle das Haus der → *Patriotischen Gesellschaft*). Vergeblich. Die Feuerwalze erreicht den Neuen Wall und den → *Jungfernstieg*. Die für den 7. Mai geplante feierliche Eröffnung der ersten Eisenbahnstrecke in Hamburg, die von der Hansestadt bis nach Bergedorf führt, muss abgesagt werden. Statt Ausflüglern rettet die Bahn nun Opfer der Brandkatastrophe und bringt sie aus dem Flammeninferno.

Am 6. Mai wird ein Hamburger Kaufmann zum Helden. An der wenige Monate zuvor eingeweihten Neuen Börse am Adolphsplatz (→ *Handelskammer*) kämpft Theodor Dill (1797–1885) mit anderen Kaufleuten und Freiwilligen gegen die Flammen, die

Die Binnenalster vom Wall bei der Lombardsbrücke aus gesehen.
Die Lithografie zeigt die Szenerie am 5. Mai 1842, als der Große Brand ein Drittel der Stadt in Schutt und Asche legte.

das steinerne Haus zeitweise völlig einschließen. 24 Stunden später weht über dem Gebäude eine weiße Flagge, und die Börsenglocke läutet. An die spektakuläre Rettung und den Einsatz von Theodor Dill erinnert heute die Dillstraße im → *Grindelviertel* und ein kleines Denkmal am Kajen in der Nähe der Deichstraße, wo der Kaufmann in der Nr. 27 sein Kontor hatte.

Doch der Brand ist noch nicht gestoppt. Am 7. Mai brennt die → *Petrikirche* nieder. Erst am 8. Mai sind die Flammen beim letzten Haus in der Straße Kurze Mühren endlich gelöscht. Als Erinnerung daran heißt die Verlängerung der Kurzen Mühren zum → *Ballindamm* „Brandsende".

Nach der Katastrophe leitet der Senat mit einer „Technischen Kommission" die umfassende Modernisierung der Stadt ein. Dazu gehört die Neuregelung der Trink- und Löschwasserversorgung. Es gehen aber noch einige Jahrzehnte ins Land, bis das neue → *Rathaus* entsteht. Die → *Alsterarkaden* sind da längst eröffnet. Wer heute die Stadt erleben will, wie sie vor dem Brand ausgesehen hat, sollte den südlichen Teil der Deichstraße besuchen. Dort sind die alten Fachwerkhäuser erhalten geblieben.

Hafen

Eine Hafenrundfahrt gehört natürlich zum Pflichtprogramm jedes Hamburg-Touristen, denn der Hamburger Hafen ist das Herz der Stadt. 10 000 Seeschiffe machen pro Jahr hier fest, 156 000 Menschen in der Metropolregion gibt er Lohn und Brot, zum Beispiel in der Werft → *Blohm + Voss*. Beim Containerumschlag liegt der Hamburger Hafen europaweit nach Rotterdam und Antwerpen auf Platz drei (Stand: 2016). Das Hafengebiet umfasst immerhin ein Zehntel der Stadtfläche.
Kein Wunder, dass die Hamburger jedes Jahr Anfang Mai den Geburtstag ihres Hafens gebührend feiern. Allerdings ist das Gründungsdokument, auf das man sich für diesen Termin beruft, eine wohl vom Hamburger Rat veranlasste Fälschung. Die Urkunde, in der Kaiser Friedrich Barbarossa Hamburg angeblich am 7. Mai 1189 Zollfreiheit vom Hafen bis zur Elbmündung gewährt und die eben gegründete Neustadt rund um den → *Hopfenmarkt* mit Privilegien ausstattet, stammt nachweislich erst aus dem 13. Jahrhundert. Das hielt die Hamburger aber nicht davon ab, im Mai 2014 rund um die St. Pauli-Landungsbrücken den 825. Hafengeburtstag zu feiern – wie immer mit Seglerparade, Schlepperballett und rund eine Million Besuchern.
Der älteste noch betriebene Teil des Hamburger Hafens ist der Binnenhafen vor der Mündung des Nikolaifleets in die Elbe. Am → *Baumwall* begann der Niederhafen, wo bis Mitte des 19. Jahrhunderts die großen Seeschiffe anlegten. Mit dem Bau des ersten Hafenbeckens – des Sandtorhafens – begann 1866 der Ausbau zum modernen offenen Tidehafen. Zu den jüngeren Erweiterungen gehört das Containerterminal → *Altenwerder*. Wie sich Leben und Arbeit im Hafen im Lauf der Zeit verändert haben, erfährt man anschaulich im Hafenmuseum in den → *50er-Schuppen*.
Seit dem Wegfall der Zollgrenzen in der Europäischen Union gab es im Hamburger Hafen einen Anachronismus: den Freihafen hinter Zäunen, Schranken und Zollstationen. Und davor standen die Lastkraftwagen Schlange. Was mit der Entstehung des Freihafens im Kaiserreich ein Privileg war, entwickelte sich im Zeitalter der Globalisierung zum Hindernis. Deshalb hat der

Hamburger Senat den Freihafen zum 1. Januar 2013 aufgelöst. Es war so eine Art Wiedervereinigung: Aus dem 1600 Hektar großen Freihafen, dem Zollausland, ist wieder ein einig Zollinland geworden – im Hamburger Hafen gelten nun die Regeln eines Seezollhafens der Europäischen Union.
Bei der Gründung des Freihafens im Jahr 1881 hatte das Deutsche Reich der Hansestadt im Zuge des Zollanschlusses ans Reichsgebiet eine hafenwirtschaftliche Sonderrolle gewährt: Mit dem Zugeständnis des Freihafens durften auf diesem Gelände Waren zollfrei umgeschlagen, gelagert und verarbeitet werden. Außerdem legte das Deutsche Reich 40 Millionen Goldmark drauf, damit die → *Speicherstadt* als Mega-Lagerhaus entstehen konnte.
Heute zählt in der globalisierten Wirtschaft nur eine Währung: Geschwindigkeit. Kaum ein Unternehmen ist daran interessiert, dass Waren über längere Zeit gelagert werden. Zollkontrollen gibt es natürlich weiterhin. Nicht selten entdecken die Beamten dabei Elefantenstoßzähne, kiloweise Kokain und gefälschte Markenkleidung. 1992 wurde im ehemaligen Zollamt Kornhausbrücke in der Speicherstadt das Deutsche Zollmuseum eröffnet, das jährlich fast 100 000 Besucher anzieht und unter anderem beschlagnahmte Gegenstände und Schmuggelverstecke präsentiert.

Das Deutsche Zollmuseum am Alten Wandrahm in der Speicherstadt

Ein Ankerplatz für internationale Seeleute ist der Seemannsklub „Duckdalben“ in Waltershof. Im roten Backsteingebäude können sie in den wenigen Stunden ihres Hamburg-Aufenthalts mit ihren Familien telefonieren, kostenlos WLAN nutzen, einen Arzt und Seelsorger konsultieren. Kaffee, Tee und Mineralwasser gibt's umsonst.

Seit seiner Gründung im Jahr 1986 haben Hunderttausende Seeleute diese Einrichtung der Deutschen Seemannsmission besucht, deren Name „Duckdalben“ an die Rammpfähle zum Festmachen von Schiffen erinnert (von niederländisch „duiken“ = tauchen und „Dalbe“ = Pfahl). Jährlich kommen rund 30 000 Matrosen, die vor allem auf den großen Containerschiffen arbeiten. Inzwischen sind durchschnittlich nur noch 17 Seeleute auf einem Containerriesen im Einsatz.

Die Deutsche Seemannsmission unterhält 17 ausländische und 16 inländische Stationen. Weltweit sind für sie 700 Mitarbeiter tätig, darunter rund 65 hauptamtliche. Mit den Schiffen kommen Besatzungen verschiedenster Herkunft, Religion und Weltanschauung in die Häfen. An der Spitze stehen die Philippinen, gefolgt von Russland, der Ukraine und Polen. Die Verständigung erfolgt auf Englisch.

Das Allerheiligste im „Duckdalben“ befindet sich in der ersten Etage. Es ist der „Raum der Stille“. Ganz friedlich stehen die Symbole der Weltreligionen beieinander: der siebenarmige Leuchter der Juden, der nach Mekka ausgerichtete Gebetsteppich der Muslime, das Kreuz der Christen, hinduistische und buddhistische Altäre. Wenn die Tür zum „Raum der Stille“ geschlossen ist, sind die Männer endlich einmal ungestört und haben Zeit zum Beten.

2011 wurde der „Duckdalben“ im Rahmen eines Wettbewerbs des International Committee on Seafarers' Welfare ICSW zum weltweit besten Seemannsklub gewählt.

Deutsches Zollmuseum, Alter Wandrahm 16, T. 040 30087611, www.zoll.de/DE/Der-Zoll/Zollmuseum/zollmuseum_node

Duckdalben International Seaman's Club, Zellmannstraße 16, T. 040 7401661, www.duckdalben.de

HafenCity

Als der damalige Erste Bürgermeister Ole von Beust (CDU) im Juli 2009 die „Katharinen-Kita" in der HafenCity betrat, sang der Kinderchor zufällig das Kirchenlied „Preiset den Herrn, Halleluja". Zweifellos war der CDU-Politiker damit nicht gemeint; ihm galt kurz darauf aus Kindermund die freundliche Begrüßung „Hallo, Ole!". Der Besuch aus dem → *Rathaus* markierte in der Geschichte der HafenCity aber einen Höhepunkt: Erstmals wurde in dem wachsenden Stadtteil, der als Europas größtes innerstädtisches Bauprojekt gilt, eine Kindertagesstätte (Kita) eröffnet.
Tatsächlich bedurfte es etwas Zeit, bis sich zwischen all den modernen Glasbauten soziales Leben entfalten konnte. In einem Stadtteil, dem in Wahrheit der zu Herzen gehende Gründungsmythos fehlt, stand die rasante architektonische Realisierung einer städtebaulichen Idee im Vordergrund: Hamburg sollte – wie die katalanische Metropole Barcelona das Mittelmeer – im brach liegenden Gebiet rund um den Grasbrook die Elbe wieder neu entdecken und näher an den Strom heranrücken. So stellte der damalige Erste Bürgermeister Henning Voscherau (SPD) am 7. Mai 1997 bei einer Rede im Übersee-Club sein visionäres Konzept „HafenCity" der Öffentlichkeit vor. Auf einer Fläche von 157 Hektar, alles ehemaliges → *Hafen-* und Industriegebiet, sollte in den nächsten Jahrzehnten ein hochwertiger innerstädtischer Stadtteil mit einem Mix aus Wohnen, Arbeiten, Freizeit- und Kulturangeboten entstehen.
So ist es nach dem Beschluss der → *Bürgerschaft* im selben Jahr auch gekommen. 2001 erfolgt der Baubeginn. 2005 ziehen die ersten Bewohner ein, darunter eine christliche Kommunität, die später das „Ökumenische Forum in der HafenCity" aus der Taufe hebt. 2008 wird im historischen Kaispeicher B das Internationale Maritime Museum Hamburg eröffnet, in dem der leidenschaftliche maritime Sammler und frühere Chef des Axel-Springer-Verlags, Peter Tamm, den größten Teil seiner Kostbarkeiten präsentiert. 2008 öffnet der Traditionsschiffhafen, 2014 die HafenCity-Universität. Dorthin fährt längst

Im Kesselhaus kann an einem detailgetreuen Stadtmodell die Entwicklung Hamburgs und der HafenCity nachvollzogen werden.

schon die U-Bahn U 4, die auch die Kreuzfahrtpassagiere zum → *Cruise Terminal* HafenCity am Grasbrook bringt. 2016 wird der Lohse-Park eingeweiht, 2017 die → *Elbphilharmonie*.

Inzwischen haben 500 Unternehmen in der HafenCity ihren Sitz, darunter der Weltkonzern Unilever und das Nachrichtenmagazin „Der Spiegel". Gut 11 000 Arbeitsplätze sind entstanden, 45 000 sollen es bei der geplanten Fertigstellung des Projekts im Jahr 2025 sein.

Gegenwärtig leben rund 2500 Menschen in dem neuen Stadtteil, der die innerstädtische Fläche immerhin um 40 Prozent anwachsen lässt. Geplant sind insgesamt 7000 Wohnungen. Die Stadtplaner rechnen mit 14 000 Bewohnern und täglich rund 80 000 Besuchern, vor allem Touristen. Die Gesamtinvestitionen belaufen sich bis dahin auf fast elf Milliarden Euro.

Schon jetzt wird Hamburgs neuer Stadtteil für junge Familien immer attraktiver. Der Anteil der gemeldeten Haushalte mit Kindern liegt bei fast 17 Prozent (Stand: 2015). Damit hat die HafenCity andere beliebte Stadtteile wie Winterhude und Eimsbüttel längst überholt.

Mittlerweile entdecken auch Tiere die wachsende Stadt zwischen → *Elbbrücken* und Elbphilharmonie. Neben Mardern und Hasen breitet sich die wasserliebende Brückenkreuzspinne

Störtebeker-Ufer am Magdeburger Hafen in der HafenCity mit Blick auf die Speicherstadt und das Internationale Maritime Museum (rechts)

(*Larinioides sclopetarius*) in der HafenCity aus, was nicht allen Bewohnern gefällt.

Über den aktuellen Stand der Dinge informiert das HafenCity InfoCenter im historischen Kesselhaus am Sandtorkai, unter anderem anhand eines eindrucksvollen städtebaulichen Modells im Maßstab 1:500, das ständig aktualisiert wird.

HafenCity InfoCenter im Kesselhaus: Am Sandtorkai 30, T. 040 36901799, www.hafencity.com

Internationales Maritimes Museum Hamburg: Koreastraße 1, T. 040 30092300, www.imm-hamburg.de

Hagenbecks Tierpark

In der Gruppe der Kaiserschnurrbart-tamarine funkt es regelmäßig.

Zwischen den Affen mit dem markanten weißen Bärtchen kommt es bei Hagenbeck immer wieder zu fruchtbaren Verbindungen. Die Tamarine müssen sich wirklich gern haben, sonst klappt es nicht mit der Fortpflanzung. Auch bei den Asiatischen Elefanten und dem Nordchinesischen Leoparden stellt sich zuweilen Nachwuchs ein. Bei der Zucht der Asiatischen Elefanten gehört der 1907 eröffnete, weltweit erste gitterlose Zoo zu den führenden Einrichtungen dieser Art in Europa.

Was die rund zwei Millionen Besucher pro Jahr wohl kaum wissen: Hagenbeck beteiligt sich an verschiedenen Europäischen Erhaltungszuchtprogrammen (EEP) und hat außerdem die EEP-Koordination für den Nordchinesischen Leoparden und den Onager, den bis zu 80 Stundenkilometer schnellen persischen Halbesel, übernommen. Im Rahmen des EEP-Projekts wird seit 1985 die Zucht von 150 bedrohten Tierarten zentral gesteuert. Die Kompetenzen der Hamburger Koordinatoren gehen weit: Sie entscheiden, welche Tiere sich in welchem Zoo unter bestimmten populationsgenetischen Aspekten paaren sollen. Akribisch wird Buch über Bestand und Geburten geführt.

Die Anfänge von Hagenbecks Tierpark gehen auf das Jahr 1848 zurück, als Fischhändler Gottfried Claes Carl Hagenbeck auf → *St. Pauli* sechs Seehunde zur Schau stellte. Sein Sohn Carl gründete 1866 das größte Tierhandelshaus der Welt, organisierte „Völkerschauen“ mit Massai und Inuit und eröffnete am 7. Mai 1907 in Stellingen, damals ein preußisches Dorf, den Tierpark mit künstlichen Felsen.

Heute leben auf dem 19 Hektar großen Gelände 1860 Tiere von 210 Arten mit großem Appetit. Allein das Futter kostet 4000 Euro pro Tag. Dazu kommen Fixkosten wie Wasser und Strom sowie Personalausgaben. Macht zusammen mehr als 41 000 Euro pro Tag.

Das Elefantentor am ehemaligen Haupteingang ist das markante Erkennungszeichen von Hagenbecks Tierpark.

Hagenbeck gilt als der einzige deutsche Großstadtzoo, der keine regelmäßige Unterstützung durch den Staat erhält. Allerdings gibt es immer wieder Ausnahmen wie beim Bau des „Eismeers". Die Hansestadt beteiligte sich daran mit 7,5 Millionen Euro. Hagenbeck selbst stellte 12,5 Millionen Euro bereit und konnte auch auf Spenden zurückgreifen.
Während im Familienclan der Hagenbecks beim Streit um die Macht in der Firma viel Porzellan zerschlagen wurde, gingen gleich zwei 55 Zentimeter dicke, zwei Meter hohe und fünf Meter breite Glasscheiben für das 2012 eröffnete „Eismeer" zu Bruch. Die erste Scheibe – sie sollte die beiden tauchenden Eisbären Blizzard und Victoria von den Besuchern trennen – überstand den Probebetrieb nicht und zerbarst. Und das zweite Panoramafenster sprang bereits beim Transport auf dem Werksgelände in tausend Stücke.
Doch die Pannen sind längst vergessen. Auf dem 750 Meter langen Weg durch die polaren Welten wächst die Begeisterung für das Leben im ewigen Eis.

Tierpark Hagenbeck, Lokstedter Grenzstraße 2, T. 040 5300330, www.hagenbeck.de

Hamburg Museum
Museum für Hamburgische Geschichte

Von → *Hammaburg* bis Hanse, von Sturmflut bis Stadtentwicklung – im Hamburg Museum erhalten die Besucher vielfältige Einblicke in die regionale Geschichte vom 9. Jahrhundert bis in die Gegenwart. Das Museumsgebäude, ab 1914 von Fritz Schumacher erbaut, ist selbst schon ein einzigartiges Schauobjekt: Die Fassaden, der Innenhof und die Ausstellungsräume wurden mit geretteten Bauteilen von Gebäuden gestaltet, die beim → *Großen Brand* 1842 zerstört worden waren. Statuen der römisch-deutschen Kaiser, die einst das alte Hamburger Rathaus an der Trostbrücke schmückten, zieren nun die Fassade des Museums für Hamburgische Geschichte, das 1922 eröffnet wurde. Der rote → *Backstein*bau befindet sich an der Stelle der ehemaligen Bastion Henricus, einem Teil der barocken Befestigungsanlage, wo von 1826 bis zur Verlegung nach Bergedorf die Hamburger Sternwarte stand (→ *Bergedorfer Sternwarte*).

Eingangshalle des Hamburg Museums – Museum für Hamburgische Geschichte

Viele Ausstellungsobjekte in diesem kulturhistorischen Museum, das zu den größten stadtgeschichtlichen musealen Einrichtungen in Europa zählt, gehen auf die Aktivitäten des 1839 gegründeten Vereins für Hamburgische Geschichte zurück. Bei der Zeitreise durch 1200 Jahre sehen die Besucher unter anderem einen 600 Jahre alten Schädel, der vom Piraten → *Störtebeker* stammen soll. Das Exponat wurde 2010 aus dem Museum gestohlen, aber ein Jahr später wieder zurückgegeben.
1500 Ölgemälde, eine rekonstruierte barocke Kaufmannsdiele, Militaria, eine Modelleisenbahnanlage, Judaika aus der mehr als 400-jährigen Geschichte der Juden in Hamburg, Exponate zur Entwicklung des → *Hafens* und der Schifffahrt sowie eine nachgebaute spätgotische Kapelle geben einen breiten Einblick in die Regionalgeschichte. Zudem finden regelmäßig Sonderausstellungen statt.
Zum Hamburg Museum gehört die historische Kramer-Witwen-Wohnung in den Krameramtsstuben am Krayenkamp beim → *Michel*. Bei den Witwenwohnungen der Kramer (Kleinhändler) handelt es sich um eine Form der selbst organisierten Altenversorgung. Die Wohnung ist im Stil der 1850er-Jahre ausgestattet und befindet sich in Hamburgs letzter erhaltene Hofbebauung aus dem 17. Jahrhundert.

Hamburg Museum – Museum für Hamburgische Geschichte, Holstenwall 24, T. 040 428132100, www.hamburgmuseum.de
„Kramer-Witwen-Wohnung", Krayenkamp 10, T. 040 37501988, www.kramer-witwen-wohnung.de

Hammaburg

„Hamburg war vom ersten Tag an eine Kaufmannsstadt."

Der das sagt, muss es wissen: Professor Rainer-Maria Weiss, Direktor des Archäologischen Museums Hamburg (Helms-Museum). Sein Team hat die legendäre Hammaburg entdeckt. Jahrelang wurden die Ausgrabungen auf dem Domplatz am Speersort (2005/2006) ausgewertet, bis nach der Analyse von Keramikscherben und Bodenproben feststand: Die Hammaburg, Keimzelle der Stadt, lag wirklich an dieser Stelle, sie ist aber älter als angenommen und weder eine Gründung von Kaiser Karl dem Großen noch von Erzbischof → *Ansgar*. Statt im 9. Jahrhundert entstand sie bereits im 8. Jahrhundert. Die Lage zwischen → *Alster & Elbe* bildete die besten Voraussetzungen für Handel und Wandel. So gründeten Kaufleute und Händler Burg und Siedlung und nannten sie „Hammaburg" (altsächsisch „hamme" = sumpfiges Gebiet am Fluss).
Dass das Leben in der Hammaburg äußerst hart war, musste Papst Benedikt V. erfahren. Seines Amtes enthoben, wurde er aus Rom in die Hammaburg verbannt und starb daselbst im Jahr 965 oder 966. Für die römisch-griechische Welt zählte die Elbregion zu „Hyperborea", zum Land „jenseits der Nördlichen" – eine Gegend, wo im Volksglauben der Gott des eisigen Nordwinds thronte. Benedikt V., der Sohn eines Römers, hatte den Machtkampf mit Kaiser Otto dem Großen verloren. In der Hammaburg mit ihren vielleicht 500 Einwohnern wurde er nie heimisch und prophezeite, wilde Tiere würden in den Trümmern der „Stadt" hausen, sollten seine Gebeine an der Elbe ihre letzte Ruhe finden. „Bei euch Hyperboreern kann kein italienisch Herz warm werden", soll er gesagt haben. Seine sterblichen Überreste wurden später in Rom bestattet, weit weg von der Hammaburg. Im mittelalterlichen → *Dom* befand sich immerhin ein Denkmal (Kenotaph) für ihn.

Domplatz/Speersort

Handelskammer

Als das Großfeuer auf dem Konvoischiff „Wapen von Hamburg" im Oktober 1683 nicht mehr zu löschen war, blieb Kapitän Behrend Jacobsen Karpfanger trotzdem an Bord. Nach der Explosion in der Pulverkammer versank er mit dem brennenden Segler vor der Küste von Cádiz. 14 Jahre lang hatte die Besatzung erfolgreich Hamburger Handelsschiffe vor den blutigen Attacken nordafrikanischer Piraten geschützt. Eine Gruppe → *hanseatischer* Kaufleute wollte dem vergeblichen Kampf der Admiralität gegen die algerischen Korsaren nämlich nicht länger tatenlos zusehen und gründete deshalb am 19. Januar 1665 mit der „Commerz-Deputation" ihre eigene Interessenvertretung. Und die schickte Kriegsschiffe zum Einsatz hinaus auf das Mittelmeer und den Atlantik.
Aus der Commerz-Deputation ging die heutige Handelskammer hervor, die sich am 1. Januar 1867 den jetzigen Namen gab und in ihrer mehr als 350-jährigen Geschichte bewiesen hat, wie professionell sich Institutionen wandeln können. Waren es am Anfang der Bau und Einsatz dieser Konvoischiffe, folgten im Zeitalter der Aufklärung diplomatische Initiativen, um Handelsverträge mit den europäischen Nachbarn zu schließen.
Für den Wissenserwerb wurde 1735 mit der Commerzbibliothek die noch heute bestehende älteste Wirtschaftsbibliothek der Welt gegründet. Die Kaufleute sollten mit einer einzigartigen Ansammlung von Wissen aus verschiedensten Fachgebieten (Handelswissenschaften, Hamburgensien, Geografie, Reisen, Wirtschaft, Schifffahrt) die Möglichkeit haben, sich aus- und fortzubilden. Trotz großer Bestandsverluste durch die Bombenangriffe im Zweiten Weltkrieg und die → *Flutkatastrophe* 1962 umfasst die Commerzbibliothek derzeit (wieder) rund 180 000 Medieneinheiten, darunter historische Raritäten wie der 1493 gedruckte Kolumbus-Brief über die Entdeckung Amerikas.
Von Anfang an verstand sich die älteste Handelskammer Deutschlands als Standes- und Interessenvertretung der Kaufleute. Gewählt wurde sie damals von den Mitgliedern der 1517 gegründeten „Versammlung Eines Ehrbaren Kaufmanns zu

Der 25 Meter hohe Mittlere Börsensaal ist mit einer Fläche von 664 Quadratmetern die größte Halle des Gebäudes der Handelskammer.

Hamburg". Deren verpflichtendes Leitbild ist der Ehrbare Kaufmann, der - anders als die Räuberei - den geordneten Handel garantiert. Der Handschlag gilt dafür als Symbol. Die Unternehmer machten ihren Einfluss in der Politik geltend, als es zum Beispiel mit dem Anschluss Hamburgs an das deutsche Zollgebiet nach 1866 um die Zollfreiheit ging. In zähen Verhandlungen erkämpften 1881 sie den Freihafen als Ersatz (siehe → *Hafen* und → *Speicherstadt*).

Als Selbstverwaltung der Hamburger Wirtschaft überzeugt die Handelskammer heute nicht mehr mit dem Einsatz von Kanonen auf Konvoischiffen, sondern mit der Kraft der Argumente. Bundespräsident Joachim Gauck lobte bei der 350-Jahr-Feier im Januar 2015 das Ethos der Kammer mit ihren rund 166 000 Mitgliedsfirmen. „Der ‚Ehrbare Kaufmann' führt eben nicht nur erfolgreich sein Geschäft, er wirkt durch sein ganzes Verhalten als Vorbild." Treu und Glauben, Unbestechlichkeit, ein Mann ein Wort - das seien Maximen, wie sie → *hanseatischer* nicht sein könnten, sagte Gauck.

In der Gegenwart engagiert sich die Handelskammer unter anderem mit dem Hamburg-Summit für deutsch-chinesische Wirtschaftskontakte, für die duale Berufsausbildung und für

Die Handelskammer hütet Hamburgs ältestes Stadtsiegel. Es stammt aus dem Jahr 1300 und war über 500 Jahre in Verwendung.

kulturelle Projekte. Längst ist das Haus der Handelskammer am Adolphsplatz, wo auch die 1558 gegründete Hamburger Börse ihren Sitz hat, zu einem beliebten Veranstaltungsort für Kongresse, Messen, Modenschauen und Vorträge geworden. Das neoklassizistische Gebäude in unmittelbarer Nachbarschaft zum → *Rathaus* wurde 1839–1841 nach den Plänen von Carl Ludwig Wimmel und Franz Gustav Forsmann gebaut und überstand den → *Großen Brand* von 1842.

Seit einigen Jahren hütet die Handelskammer Hamburgs historisches Stadtsiegel. Es stammt aus dem Jahr 1300 und diente bis 1811 der Beurkundung von Verträgen. Während das Stadtsiegel mit den Sternen an Maria, die Gottesmutter und Stadtpatronin, erinnert, zeigt das alte Wappen der Commerz-Deputation zwei heidnische Götter: Neptun steht für den Hafen und Merkur für den Handel.

Handelskammer, Adolphsplatz 1, T. 040 36138138,
www.hk24.de, www.commerzbibliothek.de

Hanseatisch

Die „Freie und Hansestadt Hamburg“ verdankt ihren stolzen Doppeltitel zum einen ihrem ehemaligen Status als Freie Reichsstadt, das heißt, sie war unmittelbar Kaiser und Reich, nicht regionalen Mächten unterstellt. Zum anderen war sie Mitglied des mittelalterlichen Kaufmanns- und Städtebunds der Hanse, der allerdings nach der Entdeckung der Neuen Welt und dem Erstarken der Nationalstaaten an Bedeutung verlor. 1629 war Hamburg zusammen mit Lübeck und Bremen von den verbliebenen Hansestädten beauftragt worden, als „Hanseatische Gemeinschaft“ die gemeinsamen Interessen zu vertreten. Dieser Dreistädtebund überdauerte das Ende der Hanse 1669 und verstand sich als Repräsentant und Rechtsnachfolger des einstigen größeren Bundes.

„Hanseatisch“ ist nun eine ebenso vage wie emotionsgeladene Bezeichnung für bestimmte, als typisch angesehene Eigenschaften der Hansestädte Lübeck, Bremen, Hamburg und ihrer Bewohner, vor allem der alteingesessenen und etablierten. Während sich neben „hanseatisch“ auch das ältere Adjektiv „hansisch“ hielt, das auf die gesamte Hanse bezogen oder deutschtümelnd verwendet wurde (zum Beispiel für die „Hansische Universität“ in der NS-Zeit), steht „hanseatisch“ für das Gemeinsame innerhalb der Hanseatischen Gemeinschaft.

Mit Ausdrücken wie „klassisch-hanseatische Lebensart“ oder „hanseatisch-gediegenes Flair“ lässt sich Werbung für Produkte betreiben, die in die Welt des gehobenen oder gar Großbürgertums zu passen scheinen.

„Hanseatisch“ weckt Assoziationen zu Weltoffenheit, Urbanität, vornehmem Understatement, nüchterner Zuverlässigkeit und merkantiler Prosperität, erinnert aber auch mit kritischem Beigeschmack an großbürgerliches Patriziertum, steife Zurückhaltung, ja Standesdünkel und gar kleinkarierten Krämergeist (→ *Pfeffersäcke*). Sogar von „hanseatischer Unterkühltheit“ ist umgangssprachlich-sprichwörtlich die Rede.

Quelle: Hamburg-Lexikon, S. 315–317

Hausboote & schwimmende Häuser

„Innenstadtlage, nur fünf Minuten bis zur Außenalster und mitten im Grünen“

– so begann vor einiger Zeit eine Immobilienanzeige im Internet. Was da zum Preis von 399 000 Euro mit einer Fläche von 126 Quadratmetern und „beeindruckender Deckenhöhe“ verkauft werden sollte, befand sich allerdings nicht an Land, sondern als schwimmendes Haus auf einem Ponton im Wasser.
Am Nordufer des Eilbekkanals (Stadtbezirk Hamburg Nord) ist der Immobilienmarkt gleichsam ins Schwimmen gekommen: Der Hamburger Senat hat hier sein Prestigeprojekt vom Wohnen auf dem Wasser verwirklicht. Alle zehn Liegeplätze auf der Eilbek, der bis 1898 etappenweise kanalisierten Weiterführung der Wandse, sind mit Hausbooten und schwimmenden Häusern belegt (Stand: April 2016).
Während in Amsterdam bereits 2500 Hausboote ankern, verwirklicht nun auch Hamburg den Traum vom Wohnen auf dem Wasser. Doch vielen Interessenten geht es nicht schnell genug: Genehmigungsverfahren dauern offenbar lange, geeignete Liegeplätze sind nicht immer so leicht zu finden, und die landseitigen Erschließungskosten (Kanalisation, Strom, Stege) betragen mehrere Zehntausend Euro.
Offiziell genehmigt sind im Stadtgebiet insgesamt rund zwei Dutzend Liegeplätze für Hausboote (der Rumpf dient als Nutzfläche) und schwimmende Häuser (Wohngebäude auf einem Ponton); die Zahl der geduldeten „grauen Lieger“ ist allerdings höher. In Bergedorf sind offiziell acht, am Victoriakai im Mittelkanal (Hammerbrook) und im Hochwasserbassin der Bille am Heidenkampsweg vier Liegeplätze für sogenannte Wohnlieger offiziell ausgewiesen.
Weiteres Potenzial sehen die Planer in Harburg und Hamburgs Osten. Im Hausboot „Schwan“ (Norderkai-Ufer, Hammerbrook)

Wohnen auf dem Wasser: Hausboote auf dem Eilbekkanal
in Höhe Lerchenfeld/Uhlenhorst

kann man – wie in einem Hotel – ein Zimmer mieten (eigene Terrasse, Duschbad; Küche wird gemeinschaftlich genutzt). Zur Hamburger Hausboot-„Flotte“ gehört übrigens auch ein schwimmendes Gotteshaus – die 1952 eröffnete Flussschifferkirche. Das frühere Weserschiff (Baujahr 1906) hat seinen Liegeplatz an der Hohen Brücke 2, Nähe → *Baumwall*. Jeden Sonntagnachmittag um 15 Uhr wird dort Gottesdienst gefeiert (www.flussschifferkirche.de).

Heiligengeistfeld

Zwei Bunker aus dem Zweiten Weltkrieg haben auf dem Heiligengeistfeld Mediengeschichte geschrieben. Der Nordwestdeutsche Rundfunk (NWDR) bezog 1950 den sogenannten Leitturm und sendete von dort aus am 26. Dezember 1952 die erste Ausgabe der „Tagesschau". Zwei Jahre später, am 8. Mai 1954, folgte im benachbarten Hochbunker die Premiere für das kirchliche „Wort zum Sonntag".
Während der kleinere Leitturm 1973/1974 abgerissen wurde, ist der ehemalige Hochbunker für die Luftabwehr und den Luftschutz („Flakturm IV") als monströses Bauwerk auf dem Heiligengeistfeld erhalten geblieben. Es ist jeweils 75 Meter lang und breit sowie 39 Meter hoch. Die Wände sind 3,50 Meter dick. Während der Bombenangriffe auf Hamburg im Sommer 1943 fanden darin bis zu 25 000 Menschen Schutz.
Der rund 30 Hektar große Platz hat eine wechselvolle Geschichte erlebt. Im Mittelalter befand sich hier das Hospital zum Heiligen Geist, umgeben von weitem Weideland. Im 19. Jahrhundert wurde das Areal immer mehr zum Amüsierfeld. Nach dem Abriss des mittelalterlichen Hamburger → *Doms*, der jahrhundertelang Händlern, Handwerkern und Gauklern bei Schietwetter und zu ausgewählten Zeiten ein Dach für ihr Markttreiben gewährt hatte, wurde ihnen ein neuer Standort geboten: das Heiligengeistfeld. Deshalb tragen die nach wie vor stattfindenden Frühjahrs-, Sommer- und Wintervolksfeste den für → *Quiddjes* möglicherweise etwas rätselhaften Namen „DOM".
Heute haben Medienunternehmen und Clubs im Hochbunker ihren Sitz. Es ist geplant, sein Dach zu begrünen.

Herbertstraße

Die rund 100 Meter lange Straße im Rotlichtbezirk von → *St. Pauli* gehört allein den Männern und ihren Begierden. Dafür stehen hinter den nicht einsehbaren Eingangstüren rund 250 Prostituierte zu Diensten.
Zu den bekanntesten Vertreterinnen dieses ältesten Gewerbes der Welt gehörte Domenica Niehoff (1945–2009), die unter ihrem mehrdeutigen Vornamen als Domina jahrzehntelang in der Herbertstraße ihren Körper verkaufte und in den 1970er- und 1980er-Jahren zur bekanntesten Prostituierten Deutschlands avancierte.
Prominente und solche, die sich dafür hielten, schmückten sich in der Öffentlichkeit gern mit Domenica und ließen sich in der Herbertstraße mit ihr ablichten, nachdem sie in den 1980er-Jahren für die Anerkennung und Legalisierung ihres Berufsstandes zu kämpfen begonnen hatte. Das Plattencover der Popgruppe Trio mit dem Titel „Bum Bum" zeigte – nicht mehr und nicht weniger – ihr Dekolleté.
Über die Männer und ihren Job in der Herbertstraße sagte sie kurz vor ihrem Tod in einem Zeitungsinterview: „Ich hatte alles. Alle Schichten. Sie waren winselnd, bettelnd, fordernd, gemein. Brav, lieb, reich, arm, jung, alt. Ich weiß nicht, was mir noch fehlte."
In ihren späten Lebensjahren engagierte sich Domenica zunehmend für die Rechte der Prostituierten und half den Mädchen beim Ausstieg aus dem Milieu. Doch die Show geht weiter: Die Herbertstraße mit den Koberfenstern ist weiterhin eine sündige Meile, und die Frauen verkaufen ihre Körper genauso wie einst Domenica.

Hirschpark

Wo kann man Damwild füttern, Pfauen balzen sehen, unter alten Bäumen sitzen und danach an der Elbe spazieren gehen? Der 25 Hektar große Hirschpark in Nienstedten führt mitten hinein in die Naturidylle, mit der sich der Schöpfer dieses Anwesens und seine Nachfahren einen Traum verwirklichten: Der Hamburger Reeder, Kaufmann und Kolonialist Johan Cesar IV Godeffroy (1742–1818) erwarb das Grundstück 1786 bei einer Auktion. Zunächst folgte die Umgestaltung des früheren Landguts zu einem Gartenensemble im englischen Stil. Rhododendren wurden gepflanzt und Teiche angelegt. Dann kamen seine Erben auf die Idee, ein Wildgehege zu schaffen, in dem unter anderem Hirsche lebten. So entstanden der Name „Hirschpark" und ein Areal, das sich aus mehreren Parks und Gärten zu einem Gesamtkunstwerk zusammenfügt.
Heute fasziniert das „Hirschgatter" genauso wie eine alte doppelte Lindenallee, bei der sich vier Baumreihen aneinanderschmiegen. Wie romantisch! Davon kündete schon eine Inschrift im Hirschpark aus dem Jahr 1792:

„Wer nicht in deinem Schoos, Natur!
Auf Weisheit sinnt, Empfindung thränt
Zu Gott sich hebt und Freunde sehnt
Der liebt Dich nicht,
er nennt Dich nur."

Erhalten geblieben sind Godeffroys klassizistisches Herrenhaus von Christian Frederik Hansen (1756–1845) und das dazugehörige reetgedeckte Kavaliershaus, heute Restaurant und Teehaus „Witthüs". Bis zu seinem Tod im Jahr 1959 wohnte hier der Schriftsteller und Orgelbauer Hans Henny Jahnn. Wegen seiner politischen Einstellung und seines Bekenntnisses zur Bisexualität musste er während der NS-Zeit ins Ausland fliehen. Seit 1934 wohnte er auf der dänischen Insel Bornholm. Ab 1950 amtierte er als Präsident der Freien Akademie der Künste in

Das heutige „Witthüs" stammt aus der bäuerlichen Vergangenheit des Hirschparks und wurde einst zur Unterbringung von Angestellten und Gästen der Familie Godeffroy genutzt.

Hamburg und galt wegen seines Engagements gegen die atomare Rüstung als unbequemer Geist. Er ist auf dem Nienstedtener Friedhof begraben.

Witthüs Café Teehaus Restaurant,
Elbchaussee 499a (Hirschpark, Einfahrt Mühlenberg),
T. 040 860173, www.witthues.com

Hopfenmarkt

Hopfen und Malz sind längst verloren! Der Hopfenmarkt im Schatten des Mahnmals → *St. Nikolai* trägt die Biertradition nur noch im Namen. Im Mittelalter verkauften hier Landwirte ihren Hopfen an Hamburgs Brauer; bis Anfang des 20. Jahrhunderts boten regelmäßig fliegende Lebensmittel- oder Gemüsehändler an 1000 Marktständen ihre Waren feil. 1911 wurde der Gemüsegroßmarkt auf den Deichtorplatz verlegt. Das endgültige Aus für das bunte, wenn auch rückläufige Wochenmarkttreiben am Hopfenmarkt verfügte das Bezirksamt Mitte im Jahr 2014; die angebotenen Waren entsprächen nicht mehr den Kriterien eines Wochenmarkts, hieß es.

Stände auf den Hopfenmarkt nicht der 1878 geschaffene, 1975 von der Amsinckstraße hierher versetzte Vierländerin-Brunnen mit einer Bäuerin in typischer Tracht der → *Vier- und Marschlande* und vier bronzenen Enten, fände der Hopfenmarkt an der stark befahrenen Willy-Brandt-Straße wohl gar kein touristisches Interesse.

Doch als Archäologen in den Jahren 2014 und 2015 in seiner unmittelbarer Umgebung Ausgrabungen vornahmen, kamen sie zu tiefschürfenden Erkenntnissen: Sie entdeckten hier, am Hopfenmarkt, fast 1000 Jahre alte Eichenstämme. Sie wurden zweifelsfrei im Winter des Jahres 1023 geschlagen und gehörten zur Ringwallbefestigung der „Neuen Burg“, der Nachfolgerin der legendären → *Hammaburg*. Damit ist die Burganlage älter als bisher angenommen (man ging nach schriftlichen Quellen vom Jahr 1061 aus). Außerdem entdeckten die Archäologen oberhalb der Wallreste Fundamente der alten Hauptkirche St. Nikolai, die 1195 erstmals erwähnt wurde.

Die Experten sind sich nun einig: Rund um den Hopfenmarkt liegt die Keimzelle der 1188 gegründeten Hamburger Neustadt, die Kaiser Friedrich Barbarossa dann mit Handelsprivilegien ausgestattet haben soll (→ *Hafen*). Die spätere Erfolgsgeschichte der Hansestadt nimmt am Hopfenmarkt ihren Anfang.

HSV

„Kopfballungeheuer“ Horst Hrubesch steigt auf seine Harley Davidson und gibt Gas. Rund 8000 Biker starten ihre Maschinen und fahren ihm hinterher bis zur Köhlbrandbrücke (→ *Elbbrücken*). So hat es die HSV-Legende an der Spitze eines Konvois während der Hamburger Harley Days im Juni 2016 gern: sich den Wind um die Nase wehen zu lassen und mal wieder weit vorn zu sein. Wie 1983, dem besten Jahr für den HSV (= Hamburger Sport-Verein). Da hat die HSV-Erfolgsformel funktioniert:

„Manni Flanke, ich Kopf, Tor!“

So brachte Hrubesch die Siege auf den Punkt. Manfred Kaltz, das „Bananenflanken“-Genie, und das „Kopfballungeheuer“ spielten einander die Bälle zu. Tor! 1:0 für den HSV am 25. Mai 1983 gegen Juventus Turin. Damit gewann die Mannschaft des österreichischen Trainers Ernst Happel den Europapokal. Und wenige Tage später, am 4. Juni, wurde der HSV zum dritten Mal Deutscher Meister.

Weil der HSV gegenwärtig das Siegen etwas verlernt hat, erinnern sich die Fans gern an die HSV-Legenden. An „Uns“ Uwe Seeler, inzwischen Hamburger Ehrenbürger, an die Nachkriegsspieler wie Heinz Spundflasche, Jupp Posipal und den Stammtorwart Horst Schnoor, an Willi Schulz. Nun ja, auch an den ersten HSV-Star Otto „Tull“ Harder, der bis 1931 für den Verein kämpfte, dann jedoch SS-Mitglied und KZ-Aufseher wurde. Dafür wurde er als Kriegsverbrecher zu einer Haftstrafe verurteilt. Mit 387 Pflichtspieltoren ist er aber der nach Uwe Seeler erfolgreichste Torschütze aller Zeiten beim HSV.

Der 29. September 1887 gilt als Gründungsdatum des Vereins beziehungsweise seines Vorläufers, des „Sportclubs Germania“. Wegen des stolzen Alters wird der HSV deshalb „Bundesliga-Dinosaurier“ genannt. Die Saurier sind bekanntlich ausgestorben. Doch der HSV lebt trotz mancher Niederlagen weiter.

HSV Service Center im Volksparkstadion,
Sylvesterallee 7, T. 040 41551887, www.hsv.de

Hummel Hummel

Von der schlechten Qualität des Trinkwassers profitierte im 19. Jahrhundert die Berufsgruppe der Wasserträger. Während die Leute über das Elbwasser aus dem öffentlichen Leitungsnetz lästerten:

„Vom Tier im Hamburger Wasserrohr,
da kommen 16 Arten vor“

– verkauften die Wasserträger den Kunden frisches Brunnenwasser eimerweise direkt frei Haus. Einer von ihnen war Johann Wilhelm Bentz (1787–1854), ein – wie die Annalen berichten – mürrischer, griesgrämiger Mann. Keiner hätte damals gedacht, dass dieser Vertreter der „Kleinen Leute“ einmal zur Kultfigur werden würde.

Dazu musste es nur geschehen, dass er eines Tages in die Wohnung des zuvor verstorbenen Stadtsoldaten Daniel Christian Hummel an der Großen Drehbahn (heute nur „Drehbahn“) zog. Während Soldat Hummel bei den Stadtjungs sehr beliebt gewesen war, galt der mürrische Wasserträger als Sonderling. Um ihn zu necken, riefen die Kinder ihm „Hummel, Hummel“ hinterher, obwohl er doch eigentlich Bentz hieß. Aus Ärger brummelte er zurück: „Mors, Mors!“ Das ist die plattdeutsche Variante fürs „Hinterteil“.

Wie ein Mantra wiederholten sich wohl solche Szenen, und wie schon die → *Zitronenjette* eroberte der skurrile Wasserträger die Herzen der Hamburger, zumindest aber ihr kollektives Gedächtnis. Längst ist der Ruf „Hummel Hummel“ mit der Antwort „Mors, Mors“ zum weltweiten Erkennungszeichen der Bürger dieser Stadt geworden. Dem verarmt verstorbenen Hamburger Original setzte der Bildhauer Richard Kuöhl 1938 an der Ecke Breiter Gang/Rademachergang ein Denkmal. Und nach einer Kunstaktion Anfang der 2000er-Jahre sind im gesamten Stadtbild glasfaserverstärkte bunte Wasserträger-Figuren präsent. Hummel Hummel! Bentz Bentz!

Jacobikirche

Europaweit bekannt ist die evangelische Hauptkirche St. Jacobi durch ihre Orgel und die lange Pilgertradition. Denn das Gebäude zwischen der Stein- und der → *Mönckeberg*straße ist aus einer Kapelle am Jakobsweg, jenem Pilgerweg, der ins spanische Santiago de Compostela führt, hervorgegangen.
Nach dem Zweiten Weltkrieg wurde das bei einem Bombenangriff zerstörte Gotteshaus wieder aufgebaut. Als ältester Teil ist der Sakristeianbau im Norden erhalten geblieben. Er stammt aus dem Jahr 1438 und ist Hamburgs einziges Zeugnis gotischer Profanarchitektur. Die Zerstörungen überlebt haben zudem die mittelalterlichen Altäre, eine frühbarocke → *Backstein*kanzel von 1610 und die Orgel des norddeutschen Meisters Arp Schnitger. Sie wurde von 1689 bis 1693 gebaut und verfügt über 4000 Pfeifen, 60 Register, vier Manuale und Pedal. Die größte erhaltene Barockorgel im nordeuropäischen Raum erklingt seit ihrer Restaurierung 1993 wieder weitgehend wie zur Zeit ihrer Erbauung.
Es waren die Beginenschwestern, also in einem Laienkonvent lebende unverheiratete Frauen, die vor 750 Jahren den Bau der Jacobikirche empfahlen. Hamburg war im Mittelalter ein Knotenpunkt für die Pilger aus ganz Europa, und hier draußen, bei einer Jakobskapelle vor den Toren der Stadt, kampierten sie. Mit der Jacobikirche, die ebenfalls den Namen des Jesus-Bruders und Märtyrers Jakobus trägt, wollten die in absoluter Armut lebenden Beginen den Pilgern ein Zentrum auf ihrer Reise geben.
Damals stand die Pilgerschaft, was so viel wie „Weg in die Fremdschaft“ bedeutet (das Wort „Pilger“ kommt von lateinisch „peregrinus“ = Fremder), ganz im Zeichen der Buße. „Narrenwerk“ nannte der Reformator Martin Luther deshalb Pilgerreisen und Wallfahrten, weil der Christ allein durch den Glauben und nicht durch das „Geläuff“ vor Gott anerkannt sei.
Wer diesen Weg von Skandinavien aus auf sich nehmen und die Reliquien des heiligen Jakobus aus nächster Nähe sehen wollte, machte in Hamburg Rast – bis heute.

Innenraum der Jacobikirche mit einem der hervorragendsten Hamburger Kunstwerke, der Arp-Schnitger-Orgel aus dem späten 17. Jahrhundert

In jener Hamburger Kirche, die wie die spanische Kathedrale dem heiligen Jakobus geweiht ist, befindet sich heute das Pilgerzentrum der Nordkirche. Im Pilgershop können die Besucher Kartenmaterial auch über die Hamburger Pilgerwege erwerben. Zudem gibt es Bücher, Spruchkarten, Flyer und sogar Pilgersocken. Pro Jahr werden rund 1000 der begehrten Pilgerausweise ausgestellt. Reisende erhalten einen Stempel, mit dem sie ihre Anwesenheit in Hamburg dokumentieren können. Die Pilgertradition wurde erst nach der Jahrtausendwende in St. Jacobi wieder neu entdeckt - nicht zuletzt dank des Bestsellers von Hape Kerkeling: „Ich bin dann mal weg".

Steinstraße/Jacobikirchhof, T. 040 3037370,
www.jacobus.de

Jenisch-Park

In Hamburg wachsen rund 1,8 Millionen Bäume in den Himmel – auf jeden Einwohner kommt umgerechnet ein Exemplar. Einige der ehrwürdigsten stehen auf dem 43 Hektar großen Jenisch-Park in Klein Flottbek. Viele davon sind Methusalems. Wie ein 200 Jahre alter Ginkgobaum, der älteste Vertreter seiner Art in Norddeutschland. Oder die gut 500 Jahre alte Stieleiche, die es auf einen Umfang von mehr als acht Metern bringt.
Dass es hier, nicht weit von den Gestaden der Elbe, im englischen Gartenstil grünt und blüht, ist dem Hamburger Kaufmann Baron Caspar Voght (1752–1839) zu verdanken. Der fand bei seinen Reisen durch Großbritannien größtes Gefallen an der britischen Gartenarchitektur, insbesondere an den Vorstellungen des schottischen Landschaftsgärtners James Booth. Voght holte den damals 25-Jährigen nach Hamburg, wo der junge Mann seine Pläne realisieren konnte – im späteren Jenisch-Park. Die exotischsten Bäume – wie Atlas-Zeder, Echte Sumpfzypresse, Japanischer Schnurbaum – wurden per Schiff nach Hamburg transportiert. Zum Konzept gehörte es, Landschaftskunst und Ackerbau miteinander zu verbinden. Neben englischen Rosen wurde Getreide angebaut. Eingebettet in einen malerischen Park, durch den die Flottbek fließt, entstand so Voghts klar strukturierte „ornamented Farm“.
1828 übernahm der mit Voght befreundete Hamburger Senator Martin Johan Jenisch (1793–1857) das Anwesen, der das klassizistische „Jenisch Haus“ nach den Entwürfen von Karl Friedrich Schinkel und Franz Gustav Forsmann erbauen ließ. Heute gewährt es als Außenstelle des Altonaer Museums Einblicke in die großbürgerliche Wohnkultur des 19. Jahrhunderts. Nordöstlich steht das Anfang der 1960er-Jahre erbaute Ernst Barlach Haus, das der Hamburger Unternehmer Hermann F. Reemtsma für seine Barlach-Sammlung gestiftet hat.

Stadtseitiger Parkeingang: Elbchaussee, Höhe Holztwiete
Jenisch Haus, Baron-Voght-Straße 50, T. 040 828790,
www.jenisch-haus.de
Ernst Barlach Haus, Baron-Voght-Straße 50a, T. 040 826085,
www.ernst-barlach-haus.de

Oben: 1828 verkaufte Caspar Voght seinen Landsitz an den Hamburger Kaufmann und Senator Martin Johan Jenisch, der sich ein repräsentatives klassizistisches Landhaus errichten ließ. Das „Jenisch Haus“ ist heute eine Außenstelle des Altonaer Museums.

Unten: Das 1962 eröffnete Ernst Barlach Haus war das erste private Kunstmuseum in Hamburg und lohnt unbedingt einen Besuch.

Johanneum

Er war der Mann, der Martin Luther und seiner Frau Katharina von Bora beim ersten Sex zugeschaut hatte – weil das mittelalterliche Eheschließungsrecht *vor* der kirchlichen Trauung die formal beglaubigte „Bettleite" verlangte. Braut und Bräutigam bestiegen in Gegenwart von Zeugen das Ehebett und wurden mit einer gemeinsamen Decke bedeckt. Erst dann galt die Ehe als rechtskräftig geschlossen.

Doch der aus Pommern stammende Dr. Johannes Bugenhagen (1485–1558), der 1528 nach Hamburg kam, war weit mehr als der Trauzeuge und Beichtvater Luthers. Er sollte in der Hansestadt als Kirchen- und Bildungsreformer, genannt „Doctor Pomeranus", und als Gründer der „Gelehrtenschule des Johanneums" in die Geschichte eingehen.

Die älteste höhere Bildungseinrichtung Hamburgs entstand 1529 im alten Johanniskloster, das sich auf dem Gelände des heutigen Rathausmarkts befand. Der Name „Latinsche (lateinische) Schule" ist Programm bis heute: In diesem Gymnasium lernen die 800 Schüler die alten Sprachen Griechisch und Latein als Pflichtfächer. Im Leitbild der Gelehrtenschule heißt es:

„Das Johanneum misst als altsprachlich-humanistisches Gymnasium unseren geistig-kulturellen Wurzeln in der Antike große Bedeutung für die Zukunft der Schülerinnen und Schüler bei."

Seit 1914 wird in dem lichtdurchfluteten Gebäudekomplex (Entwurf: Fritz Schumacher) in der Winterhuder Maria-Louisen-Straße unter den Bildern von Kopernikus und Luther gebüffelt. Zu den berühmtesten Schülern des Johanneums gehören der Physiker Heinrich Hertz, der Baumeister Gottfried Semper, der Schriftsteller Ralph Giordano und der Politiker Peer Steinbrück.

Der von Fritz Schumacher geschaffene Neubau des Johanneums an der Maria-Louisen-Straße in Hamburg-Winterhude

Einen Tag nach der „Bettleite“ meldete übrigens Martin Luther der Obrigkeit in seiner Heimatstadt Eisleben Vollzug: „So habe ich mich nunmehr nach dem Begehren meines lieben Vaters verehelicht und um dieser bösen Mäuler willen in Eile das Beilager abgehalten.“ Ein paar Tage später traute der „Doctor Pomeranus“ das Paar.

Maria-Louisen-Straße 114, Hamburg-Winterhude,
T. 040 4288270, www.johanneum-hamburg.de

Jüdischer Friedhof Altona

Jüdische Gräber sind, anders als christliche, für die Ewigkeit bestimmt. Ein jüdischer Friedhof gilt als „Haus der Ewigkeit", seine Gräber als unantastbar. Bis heute ist an der Königstraße in Hamburg-Altona ein in Nordeuropa einzigartiger jüdischer Friedhof mit Tausenden von Grabsteinen erhalten, der beste Chancen hat, ins UNESCO-Weltkulturerbe aufgenommen zu werden.

Der Jüdische Friedhof in Altona, gegründet 1611, ist die älteste Begräbnisstätte der Glaubensgemeinschaft in Hamburg.

Es verläuft eine unsichtbare Mauer durch diesen fast zwei Hektar großen Friedhof, der bereits 1611 entstanden ist und 1877 geschlossen wurde. Auf dem einen Teil sind sephardische Juden bestattet, auf dem anderen aschkenasische. „Sepharden" werden die bis zu ihrer Vertreibung auf der Iberischen Halbinsel lebenden Juden genannt. Vor mehr als 500 Jahren hatten die spanischen Könige Ferdinand II. und Isabella I. die Juden per Edikt vor die Wahl gestellt, entweder zum Katholizismus überzutreten oder das Land für immer zu verlassen. 50 000 Juden kehrten der Iberischen Halbinsel den Rücken. Vor allem Portugiesen ließen sich in Hamburg nieder, wo sie als exzellent gebildete Fachleute für Handel und Wissenschaft gern aufgenommen wurden. Sie waren die ersten Juden, die sich in Hamburg niederlassen durften. Auf dem Altonaer Friedhof sind 1600 portugiesische Grabsteine erhalten. Die Grabmale aus Sandstein, Marmor oder Basalt sind als liegende Grabplatten häufig in Zeltform ausgeprägt und tragen teils portugiesische Inschriften. Zu den Schmuckelementen zählen Totenschädel und Engelmotive.

„Aschkenasen" heißen nord-, mittel- und osteuropäische Juden. Der andere Teil des Friedhofes war ihnen vorbehalten. An sie erinnern rund 6000 Steine, die im Unterschied zu den portugiesischen stehend platziert und eher schlicht gestaltet sind. Begraben sind hier unter anderem der Vater des Dichters Heinrich Heine und die Ehefrau des Philosophen Moses Mendelssohn.

Der Friedhof ist heute Eigentum der Jüdischen Gemeinde Hamburg und steht seit 1960 unter Denkmalschutz. Weil er als ältester Friedhof für die nach Nordeuropa vertriebenen Juden der Iberischen Halbinsel gilt, wurde er für die deutsche UNESCO-Welterbe-Kandidatur ausgewählt.

Königstraße 10a, www.jüdischer-friedhof-altona.de

Jungfernstieg

Schon Heinrich Heine (1797–1856) liebte die Flaniermeile an der Binnenalster und notierte, dass „der schönste Spaziergang der Söhne und Töchter Hammonias den rechtmäßigen Namen Jungfernstieg führt".

Deutschlands erste – 1838 – asphaltierte Straße säumen heute gläserne Einkaufstempel wie das „Apple Store" in der Nummer 12, einem 1913/14 erbauten Kontorhaus, aber auch altehrwürdige Institutionen wie das „Alsterhaus" in Nummer 16–20 und das Heine-Haus in der Nummer 34 – an der Stelle dieses Jugendstilkontorhauses stand früher das Stadthaus von Heinrich Heines Onkel Salomon. Einige Häuser weiter befindet sich in Nummer 38 „Streit's Haus", einst Hotel und bis 2013 ein Kino (inzwischen hat hier der schwedische Haushaltsstore „clas ohlson" eröffnet). Vor dem Gebäude wurde am 5. Oktober 1841 erstmals öffentlich das „Deutschlandlied" Heinrich Hoffmanns von Fallersleben gesungen.

1235 gilt als Geburtsstunde des Jungfernstiegs, der damals noch „Reesendamm" hieß und die Funktion eines acht Meter breiten Mühlendamms hatte. Auf Anordnung eines Grafen aus dem Hause Schauenburg und Holstein war der Reesendamm gebaut worden, um Wasser aus der Alster für den Betrieb einer Mühle aufzustauen (→ *Alster & Elbe*). Noch Jahrhunderte später, um 1665, wohnte man „auf'm Damm" – immerhin gab es auf der Landseite schon eine geschlossene Häuserreihe. Damals wurde die Straße verbreitert, gepflastert, mit Bäumen bepflanzt und nach dem Vorbild der Palmaille in Altona mit einer Spielbahn ergänzt.

Der Name „Jungfernstieg" ist seit 1684 belegt. Diese Bezeichnung ist darauf zurückzuführen, dass die Promenade vor allem vom weiblichen Geschlecht besucht wurde. Im Lauf der Zeit entwickelte sich der Jungfernstieg immer mehr zu einer Flaniermeile, auf der sich vornehme Hanseaten (→ *Hanseatisch*), aber auch viele einfache Hamburger trafen.

Nach der 16 Millionen Euro teuren Umgestaltung des Jungfernstiegs präsentiert sich die Prestige-Straße seit Ende der

Den Jungfernstieg als beliebte Promenade hanseatischer Damen und Herren zeigt die kolorierte Lithografie von Valentin Ruths, die um 1860 entstand. Rechts im Hintergrund ist der Alsterpavillon zu erkennen. Der erste Alsterpavillon wurde 1799 errichtet.

2000er-Jahre noch schöner, größer und breiter. Dabei erhielt der eher betuliche Alsterpavillon ein frisches Konzept. Diese Hamburger Institution an der Binnenalster geht auf das Jahr 1799 zurück. Das jetzige Gebäude entstand Anfang der 1950er-Jahre und ist bereits der sechste Bau an dieser Stelle.

Auch der Alsteranleger Jungfernstieg wurde modernisiert. Jedes Jahr im April starten hier die 18 Schiffe der Alstertouristik in die neue Saison. Die größte Resonanz findet die einstündige Alsterrundfahrt, die am Anleger Jungfernstieg beginnt und jährlich bis zu 150 000 Gäste anlockt. Beliebt bei den Passagieren sind auch die Kanalfahrt und die Alsterkreuzfahrt mit jeweils bis zu 100 000 Fahrgästen pro Jahr.

Das erste Haus am Platz, das „Alsterhaus", hat sich in den vergangenen Jahren ebenfalls neu ausgerichtet. Lange Zeit schien es, als sei das Unternehmen vor allem an solventen ausländischen Touristen interessiert. Schließlich hatte die Hamburg Marketing GmbH damit geworben, dass selbst „die Oberschicht der Vereinigten Arabischen Emirate" hier einkaufe, wenn sie in Hamburg zu Gast sei. Doch das blieb nur eine Episode: Das 1912 eröffnete Warenhaus hat längst wieder sein Herz für den Hamburger Durchschnittskunden entdeckt.

Fast vergessen ist dagegen der Film „Klein Erna auf dem Jungfernstieg", der im Juli 1969 in der Hamburger Innenstadt gedreht wurde. Der Streifen kam im Oktober 1969 in die Kinos und handelt von den zahlreichen Streichen der kleinen Erna. Die Fachpresse bezeichnete freilich die Handlung als für Kinder „zu anstrengend" und für Erwachsene „zu dürftig". Ihn mal wieder anzuschauen – zum Beispiel bei YouTube – lohnt sich trotzdem. Schließlich spielen Heidi Kabel, Harald Juhnke, Heidi Mahler und Heinz Erhardt mit.

Katharinenkirche

Techno-Nacht und Bach-Kantate – der Kontrast in der Hauptkirche St. Katharinen gegenüber der → *Speicherstadt* könnte nicht größer sein. Während bei der ziemlich umstrittenen Techno-Nacht bisher erst einmal leicht bekleidete Frauen durch das Kirchenschiff hüpften, erklingt Bach-Musik zu jeder besten Gelegenheit. Johann Sebastian Bach (1685–1750) war bei seinem Hamburg-Aufenthalt von der Orgel in dem Gotteshaus, das erstmals 1256 urkundlich erwähnt wurde, absolut begeistert:

„Schönheit und Verschiedenheit des Klanges dieses in allen Stücken vortrefflichen Werkes konnte er nicht genügend rühmen"

– so sein Schüler Johann Friedrich Agricola. Zeitlebens habe der spätere Leipziger Thomaskantor bedauert, dass er nicht selber über ein so wunderbares Instrument verfügen konnte.
Bei den anglo-amerikanischen Bombenangriffen 1943 wurde auch die Hauptkirche schwer getroffen. Doch den Gemeindemitgliedern gelang es, rund 500 Metallpfeifen zu retten. Sie dienten als Grundlage für einen spektakulären Nachbau, den die „Stiftung Johann Sebastian Bach – eine Orgel für Bach" im Jahr 2005 ins Leben rief. Nun erklingt die „Königin der Instrumente" mindestens genauso schön wie zu Bachs Zeiten. Dank umfangreichen Sanierungsarbeiten ist auch der barocke Turm aus dem Jahr 1657 bestens erhalten.
Die Hauptkirche wurde nach der heiligen Katharina von Alexandrien aus dem 4. Jahrhundert benannt. Die soll besonders schön und klug gewesen sein und mit Kaiser Maxentius und 50 Philosophen über den christlichen Glauben disputiert haben. Nicht von ungefähr ist St. Katharinen die Hamburger Universitätskirche.

Bei den Mühren/Katharinenkirchhof, T. 040 30374730, www.katharinen-hamburg.de, www.stiftung-johann-sebastian

Kehrwieder

Wenn Hamburg jedes Jahr den Hafengeburtstag feiert, wird die Landseite zur Gastromeile. Im Schatten des 1995 eröffneten, 15 Stockwerke hohen Bürohausensembles „Hanseatic Trade Center“ auf der Kehrwiederspitze servierten die Ungarn als Partnerland des maritimen Events schon einmal Gulaschsuppe für alle, die Argentinier Asado und Mate-Tee und der Bürgermeister der bayerischen Kommune Viechtach reichlich Schnaps. Es flogen auch Schweizer Militärjets dicht über die Kehrwiederspitze hinweg – als besonders lautstarkes Geburtstagsgeschenk.

Die Spitze der Kehrwiederinsel, als Einfahrt in den Binnenhafen einst durch einen schwimmenden Baum gesichert (→ *Baumwall*), ist aber weit mehr als eine Bühne für das weltweit größte Hafenfest. Hier befindet sich ein Wasserschutzpolizeirevier; Kehrwieder ist zudem die Adresse von Miniatur Wunderland und Hamburg Dungeon (→ *Speicherstadt*). Mit Blick auf die Kehrwiederspitze wurden die Außenaufnahmen für die ZDF-Serie „Notruf Hafenkante“ gedreht. All das passt ins maritime Flair, das dieser auch von den Hafenfähren angesteuerte Ort mit traumhaftem Blick auf den → *Hafen* verströmt.

Nur eines stimmt nicht: Dass sich einst auf Kehrwieder die zurückgelassenen Frauen von ihren zur See fahrenden Männern mit den sehnsuchtsvollen Worten „Kehr wieder!“ verabschiedeten und deshalb die Insel „Kehrwieder“ genannt wurde. In Wahrheit geht der Name auf das plattdeutsche Wort für Sackgasse („Kehrwedder“) zurück. Denn bevor die Niederbaumbrücke im Jahr 1880 gebaut wurde, gab es hier kein Weiterkommen – und man musste in dieser Sackgasse wieder umkehren.

KomponistenQuartier

Die Hamburger Kaufleute seien → *Pfeffersäcke*, heißt es gelegentlich. Natürlich hat es immer Ausnahmen gegeben, wie zum Beispiel die Reederfamilie Laeisz, die der Hansestadt die 1908 eröffnete Musikhalle stiftete. Aber es hat doch ein paar Jahrhunderte gebraucht, bis die berühmtesten Komponisten der Hansestadt endlich eine gebührende museale Würdigung erfuhren: 2015 öffnete in der Neustadt, nicht weit von → *Planten un Blomen*, das KomponistenQuartier. Es vereint bislang vier Museen an einem Ort und ist folgenden Hamburger Komponisten gewidmet: Georg Philipp Telemann (1767 in Hamburg gestorben), Carl Philipp Emanuel Bach (1788 in Hamburg gestorben), Johann Adolf Hasse (1699 in Bergedorf geboren) und Johannes Brahms (1833 in Hamburg geboren).

An Letzteren erinnert auch der Name „BrahmsQuartier“ für einen Neubau mit 28 000 Quadratmetern Bürofläche in der Caffamacherreihe/Ecke Speckstraße, wo der große Komponist zur Welt kam. Während sein Geburtshaus nicht mehr steht, gibt es immerhin vor dem Bürokomplex eine meterhohes Denkmal

Die Peterstraße. Hier wurde großbürgerliche Althamburger Bebauung detailgetreu rekonstruiert. 2015 wurde das KomponistenQuartier eröffnet.

für ihn. „Caffamacher" hatten übrigens nichts mit Kaffee & Co. zu schaffen, sondern waren Weber, die hier im 17. Jahrhundert wohnten und arbeiteten. Sie produzierten im Akkord „Caffa" – geblümten Samt und Plüsch für Westen, Bezüge und Kissen. Das Wort leitet sich vom niederdeutschen „Kaff" (Spreu, Kleingeschnittenes, Hülse) ab.
Im KomponistenQuartier sind weitere Räume mit Ausstellungen für die musikalisch hochbegabten Geschwister Fanny und Felix Mendelssohn (in Hamburg geboren) und für Gustav Mahler, von 1891 bis 1897 Erster Kapellmeister am Stadt-Theater (→ *Staatstheater*), geplant. Finanziell getragen wird das KomponistenQuartier von der Carl-Toepfer-Stiftung, der Hochschule für Musik und Theater und den einzelnen Komponistenvereinen.
So viel Respekt vor der musikalischen Schaffenskraft gab es nicht immer: Georg Philipp Telemann, 46 Jahre lang städtischer Musikdirektor in Hamburg und mit 3600 überlieferten Werken einer der produktivsten Komponisten der Musikgeschichte, hätte seinen Hamburger Job nach nur einem Jahr fast an den Nagel gehängt. Doch die Stadt erhöhte seine Einkünfte und gab ihm und seiner Familie eine größere Dienstwohnung. Mehr Geld brauchte der Musicus auch, denn seine Frau verzockte 5000 Reichstaler beim Glücksspiel. Hamburg blieb für Telemann nunmehr jener Ort,

„wo die Music gleichsam ihr Vaterland zu haben scheinet".

KomponistenQuartier, Peterstraße 28, T. 040 63607882, www.komponistenquartier.de

Konsulate

Jedes Jahr am 3. März erinnert Bulgarien mit seinem Nationalfeiertag an die Befreiung von der osmanischen Herrschaft und die Ausrufung des bulgarischen Staates im Jahr 1878. Aus diesem Anlass lädt der Honorarkonsul Bulgariens in die → *Jacobikirche* zu einem Fest, bei dem die traditionelle Bohnensuppe serviert wird. Neben der bulgarischen Gemeinde geben sich bei dieser Gelegenheit die in Hamburg ansässigen Konsuln die Ehre.
Hamburg, das „Tor zur Welt", gilt nach New York und Hongkong als die „Hauptstadt der Konsulate". Rund 100 Länder lassen sich an → *Alster & Elbe* konsularisch vertreten. Der Aufstieg begann 1570, als Österreich das erste Konsulat in der Hansestadt eröffnen ließ. Neun Jahre später folgte Frankreich.
Weltoffenheit, Außenhandel und Internationalität – in Hamburg leben Bürger aus 180 Ländern – sind die Gründe für diese Entwicklung. Seit 1790 sind die Vereinigten Staaten von Amerika mit einem Generalkonsulat präsent. Nach dem Zweiten Weltkrieg bezogen die US-Berufsdiplomaten das „Weiße Haus" am Alsterufer 27/28. Der repräsentative Villenkomplex wurde zwischen 1882 und 1893 vom → *Rathaus*-Architekten Martin Haller entworfen. In der NS-Zeit dienten die Räume der Gauleitung als Hauptquartier. Das US-Generalkonsulat bezog die Villen im Oktober 1951. Die Terroranschläge vom 11. September 2001 verschärften die Sicherheitsmaßnahmen so stark, dass das Konsulat zur Festung ausgebaut wurde. Zwei Millionen Euro wurden investiert, um die Häuser unter anderem mit einem 400 Meter langen und 1,40 Meter hohen Zaun zu sichern.
Weil die USA weniger Diplomaten in Hamburg brauchen, steht der Umzug des Generalkonsulats in die → *HafenCity* bevor. Es wird der 35. Umzug seit der Eröffnung des Konsulats durch den ersten Präsidenten der USA, George Washington.

Kontorhausviertel

Als Helmut Schmidt 2013 an seinem 95. Geburtstag nach seinen Vorbildern befragt wurde, zog er genüsslich an einer Menthol-Zigarette, holte tief Luft und schwieg für eine Weile. Die Zuhörer erwarteten, dass Schmidt große Staatsmänner und Denker aus der Geistesgeschichte nennen würde. Doch der Altkanzler sagte wenig später, dass die Architekten Hans und Oskar Gerson und der Hamburger Stadtplaner Fritz Schumacher, 1909–1933 Baudirektor der Hansestadt, ihm zu Vorbildern geworden seien.
Schmidt, der in Langenhorn wohnte, drückte damit den Stolz auf seine Vaterstadt und ihre zukunftsweisende Architektur aus – vor allem auf jene Kontorhäuser, die von den Gerson-Brüdern entworfen wurden und seit 2015 zum UNESCO-Weltkulturerbe gehören. Das Kontorhausviertel rund um den Burchardplatz mit seinem sachlich-urbanen Modernismus kann nunmehr in einem Atemzug mit dem Taj Mahal in Indien und der alten Inka-Stadt Machu Picchu genannt werden. Das UNESCO-Welterbekomitee adelte mit seiner Entscheidung für die Stahlbetonbauten mit den norddeutschen Klinkerfassaden auch das angrenzende → *Chilehaus* und die → *Speicherstadt*.
Nach der verheerenden Cholera-Epidemie 1892 musste der Senat handeln: Die eng bebauten Gängeviertel rund um die Stein- und die heutige → *Mönckeberg*straße galten wegen der mangelnden Hygiene als Brutstätte von Krankheiten und wurden abgerissen. Südlich davon hatte Stadtplaner Fritz Schumacher etwas Einzigartiges im Sinn: ein funktionaler Bürohauskomplex, maßgeschneidert für die Bedürfnisse der aufstrebenden Unternehmen. Prägend sollte ein Baustil werden, der sich nicht mehr auf vergangene Epochen wie Renaissance, Barock oder Klassizismus berief, sondern eine neue Funktionalität mit modernen Klinkerfassaden im Stil des Backsteinexpressionismus. Statt Wohnen in der City war nun Büroarbeit angesagt. Wie einst auf dem Gebiet der Speicherstadt mussten die bisherigen Anwohner sich eine neue Bleibe suchen.

Das größte der Hamburger Kontorhäuser: der von 1927 bis 1943 in drei Abschnitten erbaute Sprinkenhof. Die Außenfassade ist mit einem rautenförmigen, netzartigen Backsteinmuster überzogen.

Im Zentrum des Kontorhausviertels entstanden insbesondere in den 1920er-Jahren neben dem Chilehaus der Meßberghof (vormals Ballinhaus), der Sprinkenhof, der Mohlenhof und der Montanhof. Das alsbald als „Kontorhausviertel" bezeichnete innerstädtische Areal gilt als das erste komplette Büroviertel auf dem europäischen Festland. Zum Glück blieb es von den Zerstörungen während des Zweiten Weltkriegs von Zerstörungen weitgehend verschont, sodass das Ensemble noch heute zu besichtigen ist – von außen jederzeit, bei geführten Touren teils auch von innen

Die beiden Gerson-Brüder wirkten gemeinsam mit Fritz Höger am Bau des Sprinkenhofs mit. Rautenförmig gemauerter → *Backstein* und regelmäßig angeordnete kreisförmige Terrakotta-Ornamente mit Motiven aus Wirtschaft, Handel und Verkehr bilden auf der Außenfassade ein auffälliges, netzartiges Muster.

Ebenfalls nach den Plänen von Helmut Schmidts Vorbildern Hans und Oskar Gerson entstand das zehnstöckige Ballinhaus (heute Meßberghof). Weil Albert Ballin – genauso wie die Gerson-Brüder – jüdischer Abstammung war, verfügte NS-Reichsstatthalter Karl Kaufmann die Umbenennung des Gebäudes in „Meßberghof". Hans Gerson starb bereits 1931, sein Bruder emigrierte in die USA und konnte dem Massenmord am jüdischen Volk entfliehen. So steht die Geschichte des Hamburger UNESCO-Weltkulturerbes auch für die Leistungskraft jüdischer Eliten in der Hansestadt.

Südöstlicher Bereich der Hamburger Altstadt zwischen Steinstraße, Meßberg, Klosterwall und Brandstwiete. Zentraler Platz ist der Burchardplatz.

Kunstmuseen
Hamburger Kunsthalle
Museum für Kunst und Gewerbe
Bucerius Kunst Forum

Das Spektrum der Hamburger Kunst reicht von den Alten Meistern in der Kunsthalle über die ehemalige Kantine des Nachrichtenmagazins „Der Spiegel" im Museum für Kunst und Gewerbe bis zu wechselnden Ausstellungen von exzellentem Rang im Bucerius Kunst Forum.
In der Hamburger Kunsthalle am Glockengießerwall wendet der „Wanderer über dem Nebelmeer" seinen Betrachtern den Rücken zu. Das Bild Caspar David Friedrichs (1774–1840) ist wirkungsvoll mit LED-Technik in Szene gesetzt. Ganz anders die Bildsprache von „Nana", einem der berühmtesten Werke von Edouard Manet (1832–1883). Das Gemälde zeigt eine halb angekleidete Frau beim Schminken. Dabei schaut sie den Betrachter

Die 1997 eröffnete Galerie der Gegenwart ist das dritte Gebäude der Hamburger Kunsthalle.

eindringlich frontal an. Es sind unter anderem solche provozierenden „Augen-Blicke“, die den Pariser Maler damals zu einem umstrittenen Künstler machten. Während die Jury des Pariser Salons – der jährlichen staatlichen Großausstellung mit Tausenden von Exponaten – sich weigerte, seine Bilder, die Szenen an der Grenze zwischen Privatheit und Öffentlichkeit zeigen, auszustellen, ist die Prostituierte „Nana“ seit 1924 ganz selbstverständlicher Teil der Hamburger Sammlung.
Die 1869 eröffnete Kunsthalle zählt zu den Museen, die einen Rundgang durch die europäische Kunstgeschichte von Mittelalter bis in die Gegenwart möglich machen. Im Jahr 2016 aufwendig modernisiert, präsentiert sie rund 700 Werke. Die Sammlung Alte Meister beeindruckt mit den mittelalterlichen Altären von Meister Bertram und Meister Francke, beide in Hamburg gestorben (1415 bzw. 1436). Alfred Lichtwark, dem ersten Kunsthallendirektor, gelang es, Bertrams Flügelaltar, der erst in der → *Petrikirche* und später in Grabow (Mecklenburg) stand, für das Museum zu erwerben. Werke der niederländischen Malerei, deutsche Künstler des 19. und 20. Jahrhunderts (Philipp Otto Runge, Caspar David Friedrich, Adolph Menzel, Max Liebermann) und die Klassische Moderne (Max Beckmann, Ernst Ludwig Kirchner, Edvard Munch, Emil Nolde, Paul Klee) machen die Kunsthalle und ihr Kupferstichkabinett zu einer der wichtigsten Sammlungen in Deutschland. Die 1997 eröffnete Galerie der Gegenwart präsentiert auf einer Fläche von 5600 Quadratmetern zeitgenössische Kunst. Durch zahlreiche internationale Ausstellungen und die umfangreiche Sammlung von Pop Art (Andy Warhol, David Hockney) bis zu den Künstlern der Gegenwart (Gerhard Richter, Georg Baselitz) ist der von Oswald Mathias Ungers gestaltete Kubus mit der markanten weißen Sandsteinfarbe zu einem wichtigen Anziehungspunkt geworden.

Hamburger Kunsthalle, Glockengießerwall, T. 040 428131200, www.hamburger-kunsthalle.de

Das Museum für Kunst und Gewerbe, 1877 am Steintorplatz eröffnet, zählt zu Europas führenden Museen für Kulturgeschichte, Kunsthandwerk, Design und Fotografie und bietet eine einzigartige Vielfalt an Exponaten. Die Antikensammlung

Das Museum für Kunst und Gewerbe am Steintorplatz gehört zu den renommiertesten Institutionen seiner Art.

umfasst insgesamt 5500 Kunstwerke aus mehr als vier Jahrtausenden, darunter Objekte aus dem Alten Orient, Ägypten sowie Kunst der Griechen, Etrusker und Römer. Die Ausstellungsstücke gewähren Einblicke in Grabkultur, religiöse Vorstellungen, kulturellen Austausch, Alltagsleben und Kunsthandwerk. Dazu kommen eine große Porzellan- und Fayence-Sammlung und eine weltbekannte Jugendstilabteilung. Der Jugendstil symbolisiert die einstige träumerische Hoffnung auf eine totale Erneuerung der Gesellschaft durch die Schönheit aller bildenden Künste. Von der Pariser Weltausstellung 1900 gelangten zahlreiche Jugendstilobjekte - etwa das berühmte Erkerzimmer oder das Pariser Zimmer - direkt in das Museum für Kunst und Gewerbe. Seit 2011 ist hier auch die ehemalige Kantine des Nachrichtenmagazins „Der Spiegel" zu bewundern, die von dem Dänen Verner Panton (1926–1998) geschaffen und 1969 im Verlagshaus an der Brandstwiete eingerichtet wurde. Der psychedelisch anmutende Innenraum ist ein Meisterwerk der Designgeschichte. Anlässlich seines Umzugs in die → *HafenCity* in 2011 hat der Spiegel-Verlag die denkmalgeschützte Kantine dem Museum geschenkt.

Museum für Kunst und Gewerbe Hamburg, Steintorplatz,
T. 040 428134880, www.mkg-hamburg.de

Das Bucerius Kunst Forum am Rathausmarkt setzt mit jährlich drei bis vier Ausstellungen und zahlreichen Vorträgen eigene Akzente. Seit der Gründung durch die ZEIT-Stiftung Ebelin und Gerd Bucerius im Jahr 2002 bereichert das Kunst Forum die kulturelle Landschaft mit thematischen Expositionen. Auf einer Fläche von 850 Quadratmetern, die für eine Präsentation von maximal 100 Exponaten geeignet ist, waren unter anderem Werke von Frida Kahlo, Henri Matisse, „New York Photography 1890–1950" und „Wolkenbilder" zu sehen. Zu den Leihgebern gehörten beispielweise der Pariser Louvre, das Jerusalemer The Israel Museum und die Münchner Pinakotheken. Das Bucerius Kunst Forum hat momentan noch seinen Sitz direkt neben dem → *Rathaus* in einem neoklassizistischen Gebäude, in dem sich einst die Reichsbank-Hauptstelle Hamburg befand. Es ist geplant, dass das Bucerius Kunst Forum im Jahr 2018 in ein neues Gebäude am Alten Wall zieht, das mehr Platz bietet.

Bucerius Kunst Forum, Rathausmarkt 2, T. 040 3609960, www.buceriuskunstforum.de

Labskaus

Wenn es um das Seemannsgericht Labskaus geht, gibt es in Hamburg zwei Topadressen. Die eine befindet sich an der Hauptkirche St. Michaelis, dem → *Michel*. Es ist der „Old Commercial Room“, in dem schon Willy Brandt und Woody Allen speisten, wie die Fotogalerie beweist. Und die andere liegt in einem → *Hausboot*, das seit mehr als 30 Jahren am Billeufer zwischen Süderstraße und Billerhuder Insel ankert. Der Labskaus-Kenner und Hamburger Spezialitätenproduzent Peter Pagels wohnt und arbeitet dort auf seinem schwimmenden Zuhause. Er ist Geschäftsführer der Old Commercial Handels GmbH und lässt in einer bayerischen Firma die beliebten, im Supermarkt erhältlichen Gourmet-Dosen mit Hamburger Labskaus, Hamburger → *Aalsuppe* und Perlengraupensuppe herstellen. Die Rezepte werden von seiner Frau kreiert. Von seinem Hausboot „Lady Christin“ aus steuert er den Vertrieb der Dosen.

Wobei es beim Labskaus eigentlich nicht viel zu variieren gibt. Reinhard Rauch, Inhaber des „Old Commercial Room“ am Michel, sagt, dass da kein Fisch hineingehöre. Die Zutaten für das traditionelle Gericht, das zwar nicht in Hamburg erfunden wurde, aber in Norddeutschland als Nationalgericht gilt: gepökelte Rinderbrust, Zwiebeln, mehlige Kartoffeln, Rote Bete, Salat- oder Gewürzgurke – und die Krönung: Spiegeleier. Manche mögen Matjes dazu.

Weil einst die Seeleute wegen schlechter Ernährung marode Zähne hatten, wird das Fleisch mundgerecht durch den Wolf gedreht. Die Entstehungsgeschichte von Labskaus, das sich als Wort womöglich von „Lob's Course“ (Speisegang für harte Männer) ableitet, bleibt im Dunkeln. Fest steht aber, dass der 1795 gegründete „Old Commercial Room“ und der Gourmetdosenproduzent das einstige Arme-Leute-Gericht gesellschaftsfähig gemacht haben.

Restaurant Old Commercial Room, Englische Planke 10, T. 040 366319, www.oldcommercialroom.de

Matthiae-Mahl

Einmal im Jahr rollt der Senat den roten Teppich für 400 Gäste aus, um gemeinsam mit ihnen an sechs langen Tischen im Großen Festsaal des → *Rathauses* zu speisen. Es erscheinen zum „Matthiae-Mahl" Repräsentanten der → *Handelskammer* und der Handwerkskammer, des Diplomatischen Corps (→ *Konsulate*), Senatoren, Professoren, Abgeordnete der → *Bürgerschaft*, Manager, Kulturschaffende, Medienleute und Geistliche. Gelegentlich kommt es vor, dass die Gattinnen mancher Hamburger Herren in den Senatsvorzimmern anrufen, um eine Einladung für ihren Mann zu erwirken.
Stets wird ein prominenter Ehrengast zum Festschmaus geladen. Bundeskanzlerin Angela Merkel zählte genauso dazu wie der ehemalige britische Premier David Cameron (beide 2016), der ehemalige polnische Staatspräsident Bronisław Komorowski und Bundespräsident Joachim Gauck (2015), Königin Silvia von Schweden (2003) und König Abdullah II. von Jordanien (2005). Von den Reden der Ehrengäste werden wichtige politische Impulse erwartet, die nicht nur in Hamburg, sondern im In- und Ausland Beachtung finden. So soll das Matthiae-Mahl auch heute noch das internationale Prestige der Hansestadt nähren. Seit dem Jahr 1356 ist der Brauch überliefert, am Tag des heiligen Matthias (24. Februar) „Vertreter der Hamburg freundlich gesonnenen Mächte" einzuladen. Das Matthiae-Mahl ist das weltweit älteste heute noch begangene Festmahl. Aber es gibt eine Bremer Konkurrenz: Seit 1545 laden Kaufleute und Reeder dortselbst zum „Schaffermahl" ein, nach Angaben der Stiftung Seefahrt „das älteste fortbestehende, sich alljährlich wiederholende Brudermahl der Welt".
Der 24. Februar galt im Mittelalter als Frühlingsbeginn und Termin für den Dienstbotenwechsel im Rathaus. Zu Matthiae wurden auch die Aufgaben im Senat neu verteilt. Um heutzutage dem Terminkalender der Ehrengäste gerecht zu werden, kann das Mahl auch an einem anderen Tag im Februar stattfinden. Eine historische Anordnung legt fest, dass das Matthiae-Mahl nur dann veranstaltet wird, „wenn die Zeitläufte es erlauben".

Nach dem Jahr 1724 wurde die Feier mehr als 200 Jahre lang ausgesetzt; die Gründe für diese Unterbrechung sind nicht bekannt. Die Tafeln für das festliche Abendessen werden nahezu komplett mit dem historischen Senatssilber geschmückt, das einen Gesamtwert von 4,1 Millionen Euro hat. Dazu gehören 42 fünfarmige Leuchter, 3000 blank geputzte Bestecke, 48 Silberaufsätze und ein prunkvoller Pokal, den König Edward VII. von England 1904 der Hansestadt geschenkt hat. Um das Spektakel vorzubereiten, ist das Personal mehr als eine Woche mit dem Putzen des Tafelsilbers beschäftigt. Die Tafeln werden aufwendig gedeckt. Allein beim Matthiae-Mahl 2016 vollendeten die Dekorateurinnen ein Kunstwerk aus 400 Perlhyazinthen, 300 Margeriten, Gräsern und Moos, 700 Kilogramm Natursteinen und Tausenden hellen Kieselsteinen. Mehr als 100 Kellner bewirten die Gäste, das stets von einem Hamburger Spitzenkoch zubereitet und in der Rathausküche nur noch aufgewärmt wird. Bis eine halbe Stunde vor Beginn des Matthiae-Mahls wird die Speisenfolge wie ein Staatsgeheimnis gehütet. Im Jahr 1715 servierten die Kellner noch fleischreiche Gänge, darunter ein „ganzes gebratenes Reh“, garniert mit Rebhühnern, Wildschweinrücken, Fasanen und Finken. Heute gibt es mit Hamburger Stubenküken zwar auch noch Fleisch, aber inzwischen vegetarische Alternativen.

Zum Matthiae-Mahl werden jedes Jahr im Februar prominente Gäste in den Festsaal des Rathauses eingeladen. Diese Tradition besteht seit 1356.

Michel

Michel, mein Michel – das ist auch die Geschichte von Feuersbrunst, Pleiten, Pech und Pannen. Deshalb stammt Norddeutschlands schönste Barockkirche, die liebevoll „Michel“ genannte Hamburger Hauptkirche St. Michaelis mit dem 132 Meter hohen Turm, in ihrer jetzigen Gestalt auch erst aus dem Jahr 1912. Und das kam so:
Erst ging der 1661 eingeweihte Michel, Hauptkirche der durch die neue Stadtbefestigung entstandenen Hamburger Neustadt, in Schutt und Asche unter. Wie es in den Annalen heißt, zog sich am 10. März 1750 „zur ungewöhnlichen Jahreszeit eine Gewitterwolke zusammen. Es geschahe plötzlich, ohngefehr des Mittags gegen elf Uhr, ein erschrecklicher Blitz, und der traf gleich auf einmal den untern Teil der Turmspitze.“ Die Kirche brannte bis auf die Grundmauern nieder. Der Baumeister Ernst Georg Sonnin bekam den Auftrag, einen zweiten Michel zu konzipieren. Die Kirchweih wurde 1762 gefeiert, allerdings reichte der Turm nur bis zur Höhe des Kirchendachs.
Erst nachdem Kirchenleute den Rat darüber informiert hatten, Ortsfremde würden behaupten, Hamburg müsse es aber sehr schlecht gehen, weil die Kirche noch immer ohne Turm sei, wurde dieser 1785 in seiner jetzigen Form gebaut.
Doch am 3. Juli 1906, einem heißen Sommertag, bahnte sich das nächste Unglück an: Arbeiter waren gerade dabei, Kupferplatten zu erneuern, als eine Benzinlötlampe einen Schwelbrand auslöste. Binnen kurzer Zeit stand das ganze Gotteshaus in Flammen. Bereits am nächsten Tag beschloss die → *Bürgerschaft* den Wiederaufbau nach den ursprünglichen Plänen von Ernst Georg Sonnin; die Einweihung erfolgte 1912.
Dann kamen die Kriege des 20. Jahrhunderts. Wie in anderen Teilen Deutschlands wurden im Ersten Weltkrieg in Hamburg unzählige Glocken zu Kanonen eingeschmolzen. Aus Friedensgeläut wurde Geschützdonner. Allein bis zum Jahr 1917 verlor der Michel neun seiner zehn Glocken. Im Zweiten Weltkrieg wiederholte sich das Drama, und außerdem nahm der Michel durch Bomben Schaden. Auf der Veddel befand sich damals Deutsch-

lands größter Glockenfriedhof. Nach den Plänen des NS-Regimes sollte es im damaligen Deutschen Reich nur noch an zwei ausgewählten Gotteshäusern Glocken geben.
Pech hatte der Michel auch mit seiner kurz vor dem Jahr 2000 geweihten „Jahrtausendglocke". Eigentlich sollte das 7,5 Tonnen schwere Exemplar mindestens eine halbe Ewigkeit lang halten. Doch ausgerechnet ein 15-jähriger Schüler fand mit seiner Tonbandaufzeichnung im Herbst 2005 heraus, dass mit dem „Grundton F" etwas nicht stimmte. Es gab, befand er, einen deutlichen Missklang. Tatsächlich wurde daraufhin die Wartungsfirma mit der Fehlersuche beauftragt, die schließlich einen gut 30 Zentimeter langen Riss entdeckte. Der Glockenriese musste eingeschmolzen werden. Erst seit dem Jahr 2016 sind alle zehn Michel-Glocken wieder komplett – wie vor mehr als 100 Jahren.
Dank großzügiger Spenden hat der Michel in seiner wechselvollen Geschichte Feuer und Pannen getrotzt. Jährlich lockt er rund eine Million Besucher an. Viele fahren mit dem Lift auf die 82 Meter hohe Aussichtsplattform und genießen den Blick auf die Elbe und die Stadt.
Derweil staunen die Liebhaber der Kirchenmusik im 27 Meter hohen Innenraum der Kirche über das gelegentlich eingesetzte Orgel-Fernwerk. Ein meterlanger, hoher Schallkanal, der bis zu einer Öffnung in der Deckenmitte des Kirchenschiffs führt, verzögert den Schall mit einer sechstel Sekunde. Vom Zentralspieltisch aus können das Fernwerk im Dachboden, die Große Orgel (Baujahr 1962) und die Konzertorgel (1914) gespielt werden. Insgesamt hat der Michel fünf Orgeln.
Musikalisch geht es auch auf dem Turm in der Höhe von 87 Metern zu. Dort pflegen zwei Michel-Türmer seit 300 Jahren eine Tradition: Jeden Tag spielen sie mit der Trompete in alle vier Himmelsrichtungen einen Choral (10 Uhr; Sonntag 12 Uhr; 21 Uhr). Das morgendliche und abendliche Spiel ist noch niemals ausgefallen, nicht mal im Krieg.

Englische Planke, T. 040 376780, www.st-michaelis.de

Missingsch

„Lang mich (= reich mir) mal die Kanne Milch." Auch wenn der Kasus falsch gesetzt ist, handelt es um richtiges Hamburger Platt – Missingsch. Diese nur noch gelegentlich zu hörende Mischung aus Plattdeutsch und Hochdeutsch war vor allem im 19. und 20. Jahrhundert in Arbeiter- und → *Hafen*milieu verbreitet.

Kurt Tucholsky skizzierte die neuzeitliche Symbiose von Nieder- und Hochdeutsch so: „Missingsch ist das, was herauskommt, wenn ein Plattdeutscher hochdeutsch sprechen will. Er krabbelt auf der glatt gebohnerten Treppe der deutschen Grammatik empor und rutscht alle Nase lang wieder in sein geliebtes Platt zurück."

„Womma zugehm" (wollen wir mal zugeben): Missingsch ist ein typisches Kind der Moderne. Jahrhundertelang war Plattdeutsch die Amtssprache in Hamburg. Doch im Zuge von Industrialisierung und Migration wollten sich die Hamburger immer mehr der deutschen Hochsprache anpassen, um verstanden zu werden. Was häufig nicht perfekt gelang.

So snackten sie Missingsch und schufen damit Worte wie „Happenpappen" (Imbiss) und Sätze wie diesen:

„Muscha die Katze nich immer an Schwanz ziehn!"

Er stammt aus der Sammlung von „Klein-Erna"-Witzen der Schriftstellerin Vera Möller (1911–1998).

Bundesweit bekannt wurde das Hamburger Missingsch durch das Ohnsorg-Theater (→ *Volkstheater*). Nach der erfolgreichen ersten Fernseh-Übertragung im Jahr 1954 entschied sich die Theaterleitung, das bislang übliche Plattdeutsch zu entschärfen, um es für das „Fäähnsehn" (Fernsehen) und sein Publikum verständlicher zu machen. So wurde die Bühne zu einer Kulturinstitution, die das spezifisch hamburgische Platt bis heute pflegt.

Seit 1938 hat Vera Möller Klein-Erna-Geschichten gesammelt, nacherzählt und liebevoll illustriert. Als Buch wurden sie ein Riesenerfolg. Bislang wurden insgesamt mehr als zwei Millionen Exemplare verkauft. Klein Erna spricht natürlich allerschönstes Missingsch.

Mönckeberg

Zwei Buchstaben sind von Bürgermeister Johann Georg Mönckeberg (1839–1908) geblieben. Die „Mö", kurz für „Mönckebergstraße", erinnert an den Hanseaten.
Gäbe es nicht jene Straße und den Mönckeberg-Brunnen, wäre wohl kaum noch etwas von ihm im öffentlichen Bewusstsein präsent. Dabei wäre Hamburg ohne ihn nicht das, was es heute ist. Der „Bürgermeister Pfennigfuchser", 14 Mal in seinem Amt bestätigt, führte die Hansestadt in der wilhelminischen Ära vom beengten Stadtstaat zur florierenden, weltoffenen Großstadt – zu einer modernen Metropole.

Johann Georg Mönckeberg war Hamburger Urgestein, ein „geborener Hamburger".

Also nicht etwa ein → *Quiddje*. Als Sohn eines Pastors von → *St. Nikolai* studierte er zunächst Jura. Das Amt des Ersten Bürgermeisters übernahm er 1890 und hatte es bis zu seinem Tod inne. Mönckeberg, den seine Zeitgenossen den „Löwen" nannten, brachte die → *Hafen*erweiterung, den Bau des Hauptbahnhofs und der U-Bahn sowie die Sanierung (das hieß damals: den Abriss) der Gängeviertel nach der großen Cholera-Epidemie von 1892 voran. Wenn Hamburg damals der Anschluss an eine neue Zeit glückte, war das vor allem das Verdienst dieses Mannes – darin sind sich die Chronisten einig.
Mit seinem Namen verbunden ist der Bau einer gut 700 Meter langen Straße vom Hauptbahnhof zum → *Rathaus*. Die Einweihung der heutigen Einkaufsmeile konnte Mönckeberg selbst nicht erleben. Er war kurz zuvor an den Folgen eines Schlaganfalls gestorben. Aber als Zeichen der Würdigung seiner Lebensleistung wurde sie nach ihm benannt.
Der enge Freund Bismarcks soll im persönlichen Umgang zuweilen schroff, vor allem aber recht scheu gewesen sein. Zeitzeugen berichten, dass er morgens mit gesenktem Haupt ins Rathaus ging, weil er nicht den Gruß derer erwidern wollte, die

ihm ehrfurchtsvoll einen guten Tag wünschen wollten. „Im Grunde bin ich scheu und fühle mich unbehaglich im Verkehr mit Fremden", schrieb er einmal.

Privat lebte der Vater von fünf Töchtern und vier Söhnen recht zurückgezogen in seiner Villa in der Feldbrunnenstraße. Überliefert ist auch seine exzellente rhetorische Begabung, weshalb ihn Kaiser Wilhelm II. als „besten Redner Deutschlands" bezeichnete.

Im Familienbesitz der Mönckeberg-Nachfahren befindet sich ein Schriftstück, das Mönckebergs Großvater 1814 verfasst hat. Das Dokument des späteren Justizsenators mit den gleichen Vornamen wie sein Enkel ist ein Plädoyer für den Verfassungspatriotismus derer, die in diesem Gemeinwesen als Bürger leben. „Das Glück der Völker wird nicht so sehr durch die Verwaltung als durch die Verfassung bestimmt", schreibt der Vorfahr des berühmten Ersten Bürgermeisters. Je vollkommener eine Verfassung aber sei, „desto eher halten die Bande, die das Ganze zusammenfügen. Es kommt nur darauf an, dass die Wächter der Verfassung ihre Pflicht tun und nicht einschlummern. (...) Der Patriotismus ist von Zeit zu Zeit aufzurütteln, wie die Natur zuweilen Sturmwind braucht, um die Luft zu reinigen."

Es klingt wie ein Appell an die heutige hedonistische Konsumgesellschaft, wenn Johann Georg Mönckebergs Großvater die Gefahr beschreibt, dass der „Geist" einschlafen könnte, sollte der „Rausch" stärker werden.

Moscheen

Stolz ragen Kuppel und Minarette der blauen Imam-Ali-Moschee an der Schönen Aussicht in den Hamburger Himmel. Auf Initiative iranischer Teppichhändler gegründet, steht sie für eine moderne muslimische Architektur und das vielfältige religiöse Leben der insgesamt 5000 Schiiten, die sich hier regelmäßig treffen. Das Gebäude mit einer Fassade aus himmelblauen Fliesen wurde zwischen 1960 und 1965 gebaut und ist damit die viertälteste Moschee in Deutschland. Platz für Gebete und Kulturarbeit gibt es genug. Schließlich stehen 2000 Quadratmeter Nutzfläche zur Verfügung. Unter der Kuppel des „Islamischen Zentrums Hamburg e.V. Imam Ali Moschee" liegt ein 200 Quadratmeter großer Gebetsteppich. Er hat einen Durchmesser von 16 Metern, wiegt eine Tonne und gehört weltweit zu den größten handgeknüpften Teppichen.

Die Moschee an der Außenalster, die täglich von rund 200 Touristen besucht wird, zählt mit der Centrum-Moschee (türkisch Merkez Camii) in St. Georg zu den wohl bekanntesten muslimischen Gebäuden in Hamburg. Die Centrum-Moschee mit den beiden Minaretten in der Böckmannstraße ist seit 1977 im Besitz der Moscheegemeinde türkischer Migranten. Vor dem Umbau stand hier das Hammonia-Bad. 1990 wurde das Gebetshaus mit einem Neubau ergänzt.

In der Hansestadt leben offiziellen Angaben zufolge 130 000 Muslime. Der Rat der Islamischen Gemeinschaften in Hamburg, die Schura, schätzt ihre Zahl auf 200 000. So komfortabel die Bedingungen für die Religionsausübung in den beiden genannten Moscheen sind, so eng geht es in den meisten der insgesamt rund 50 Hamburger Moscheen zu. Sie befinden sich häufig in Garagen und Hinterhöfen. Unter den islamischen Gotteshäusern sind in Hamburg nur zwei Neubauten – die erwähnte Blaue Moschee an der Außenalster und die Kocatepe-Moschee in Bergedorf. Bei den anderen religiösen Räumen handelt es sich um Umbauten zum Beispiel eines früheren Gemüseladens (Wilhelmsburg, Rotenhäuser Straße 81), einer Kneipe (Veddeler Brückenstraße 148) und eines Pastorats (Billbrookdeich 264).

In der Imam-Ali-Moschee an der Außenalster kommen Muslime aus Hamburg und aller Welt zusammen. Gäste sind willkommen.

Die ehemalige evangelische Kapernaumkirche (St. Georg, Kleiner Pulverteich 17) beherbergt heute die Al-Nour-Moschee. Das christliche Turmkreuz wurde 2015 durch einen goldenen arabischen Schriftzug „Allah" ersetzt.
Die Moscheen können auch von nichtmuslimischen Gästen besucht werden, nicht nur am 3. Oktober, an dem jedes Jahr bundesweit der Tag der offenen Moschee stattfindet.

Imam-Ali-Moschee, Schöne Aussicht 36,
T. 040 245629
Cenrum-Moschee, Böckmannstraße 40,
T. 040 22948647
www.schura-hamburg.de

Neuengamme
KZ-Gedenkstätte

SS-Reichsführer Heinrich Himmler gab im Jahr 1942 die Parole aus, die Produktivität der männlichen KZ-Häftlinge, die Zwangsarbeit in der Rüstungsindustrie leisten mussten, mit einem gestaffelten Prämiensystem zu steigen. Als besondere Belohnung rangierte in der dritten Stufe eines „Prämiensystems“ (dazu gehörten unter anderem Gutscheine für Nahrungsmittel) das makabre Angebot, dass die „arischen“ Männer ein Lagerbordell besuchen durften.

Es ist ein bislang in der Zeitgeschichte weitgehend vernachlässigtes Kapitel, das einmal mehr die Perfidität des NS-Regimes zeigt. Ein solches Bordell befand sich seit Pfingsten 1944 auch in einer „Sonderbaracke“ des Konzentrationslagers (KZ) Neuengamme.

Das insgesamt 57 Hektar große KZ in den → *Vier- und Marschlanden* mit mehr als 80 Außenlagern war das zentrale KZ in Nordwestdeutschland. Zwischen 1938 bis 1945 wurden hier und in den angeschlossenen Nebenlagern rund 106 000 Menschen aus fast allen europäischen Ländern interniert, darunter 13 500 Frauen. Knapp die Hälfte der Häftlinge hat den systematischen Terror, die mangelhafte Ernährung und die Arbeitstortur nicht überlebt. Erst waren es deutsche Häftlinge, die im KZ Neuengamme schuften mussten; nach dem Angriff auf die Sowjetunion kamen sowjetische Gefangene und ab 1944/45 jüdische Zwangsarbeiter aus verschiedenen europäischen Ländern dazu. Während des Krieges mussten sie unter schwersten Bedingungen für die Rüstungsproduktion arbeiten.

Außerdem führten SS-Ärzte medizinische Experimente an den Häftlingen durch. Mindestens 1000 von ihnen wurden im Krankenrevier mit Giftspritzen getötet. Gleichzeitig diente das KZ Neuengamme der Gestapo als zentraler Hinrichtungsort. Mehr als 1000 Menschen wurden exekutiert.

Für das KZ-Bordell setzte die SS auf Befehls Himmlers fast ausnahmslos „arische“ Frauen ein. Sie wurden vor allem im KZ

Ravensbrück bei Brandenburg rekrutiert; ihr Durchschnittsalter lag bei 23 Jahren. In der Neuengammer „Sonderbaracke" wurden zunächst sechs Frauen zur sexuellen Zwangsarbeit gezwungen. Die meisten von ihnen mussten den schwarzen Winkel als Stigma für die Asozialen und Arbeitsscheuen tragen. Zwei Stunden jeden Abend hatten sie ausgewählten männlichen Häftlingen, meist Blockältesten und „Kapos", zur Verfügung zu stehen. Im Durchschnitt durfte der Akt nur eine Viertelstunde pro Mann dauern. Wenn eine Frau neu im Lagerbordell war, musste sie jeden Abend zwischen 13 und 15 Männer empfangen. Ein polnischer Häftling berichtete, dass er als Glaser winzige Fenster von fünf Zentimeter Durchmesser in die Türen der Bordellzimmer zum Zweck der Kontrolle durch die Aufseher einbauen musste.

Während das Schicksal der Zwangsprostituierten in zahlreichen Konzentrationslagern erst jetzt historisch erforscht wurde, entstand das erste Mahnmal für die Opfer des KZ Neuengamme am Rande des Geländes im Jahr 1953. Es dauerte aber noch bis 2005, bis das gesamte Areal zur Gedenkstätte wurde. Drei Wege führen heute durch den Erinnerungsort. Erhalten geblieben sind insgesamt 17 Gebäude, darunter das ehemalige Klinkerwerk und Häftlingsunterkünfte.

Als die Alliierten im April 1945 anrückten, fanden sie das KZ ohne Häftlinge vor. Die Nazis hatten es räumen lassen und die Häftlinge auf „Todesmärsche" in „Auffanglager" wie Bergen-Belsen, Wöbbelin und Sandborstel sowie auf drei Schiffe in der Lübecker Bucht geschickt. 7000 kamen am 3. April 1945 bei Angriffen von britischen Bombern auf die Häftlingsschiffe ums Leben. Die Piloten glaubten, es handle sich um Transportdampfer für die deutschen Truppen.

KZ-Gedenkstätte Neuengamme
Jean-Dolidier-Weg 75,
T. 040 428131500, www.kz-gedenkstaette-neuengamme.de

Neuwerk

Der 13 Kilometer lange Weg von Niedersachsen nach Hamburg kann zum Wettlauf gegen die Zeit werden. Wer ihn verliert, muss auf eine der drei Rettungsbaken klettern und Schutz suchen vor der anschwellenden Flut. Es ist ein Stück Hamburg, das da südwestlich der Elbmündung im Nationalpark Hamburgisches Wattenmeer dem „Blanken Hans" trotzt: Die Nordseeinsel Neuwerk gehört zum Bezirksamt Hamburg-Mitte. Erreichbar ist das 3,3 Quadratkilometer große Eiland nicht nur mit dem Schiff von Cuxhaven aus, sondern auch zu Fuß und per Pferdewagen über das Watt. Sogenannte Pricken (meterhohe Reisigbündel, Birkenbäume), die im Watt stecken, weisen den Weg von Cuxhaven-Duhnen bis zum Ziel. Ankömmlinge spülen in der Fußwaschstelle auf der Insel erst einmal Schlick und Sand ab, bevor sie Hamburgs ältestes Bauwerk in Augenschein nehmen.

Um die Elbmündung besser vor Piraten und fremden Mächten zu schützen, hatte Hamburg im Jahr 1299 mit den lauenburgischen Herzögen, unter deren Oberherrschaft Neuwerk und das Marschland südlich der Elbe (das sogenannte Land Hadeln) damals standen, einen Vertrag geschlossen. Es ging um die rund 120 Kilometer von der Stadt entfernte „O", was auf Friesisch „Insel" bedeutet, und die freundliche Übernahme des Eilands durch Hamburg. Ein Jahr später begannen die Bauarbeiten für einen 30 Meter hohen und drei Meter dicken Turm. Jahrhundertelang galt er als Bollwerk gegen Seeräuber vom Schlage eines → *Störtebeker* und Zufluchtsort für die Bewohner, falls die Sturmfluten besonders heftig wurden. Dieser mehr als 700 Jahre alte, 1310 fertiggestellte → *Backstein*bau fungiert seit 1815 als Leuchtturm und neuerdings als maritime Pension mit sieben Zimmern.

40 Menschen leben auf der Insel, vor allem vom Tourismus. Denn jährlich wird Neuwerk von rund 120 000 Gästen besucht, die das Hamburgische Wattenmeer – es gehört seit 2009 zum UNESCO-Weltnaturerbe – hautnah und knöcheltief erleben wollen.

www.leuchtturmneuwerk.de

Ohlsdorfer Friedhof

Er ist ein Ort der Trauer, des stillen Gedenkens und der Ruhe. Zugleich ist der Ohlsdorfer Friedhof – mit rund 400 Hektar der größte Parkfriedhof der Welt – eine Institution, die sich im 2011 eröffneten neuen Bestattungsforum längst auf die moderne Trauerkultur eingestellt hat: Bundesweit einmalig ist auf dem rund 400 Hektar großen Park die zeitlich enge Verknüpfung von Trauerfeier, Verbrennung und Urnenbeisetzung. Liegen zwischen diesen Ereignissen sonst mehrere Tage, so ist das in Ohlsdorf binnen weniger Stunden möglich. Was vor allem im Sinne jener Angehörigen ist, die eine weite Anreise zurücklegen müssen.

Der Ohlsdorfer Friedhof wurde 1877 als erster kommunaler Friedhof Hamburgs eingeweiht und gehört zu den „Hamburger Friedhöfen – Anstalt des Öffentlichen Rechts“. Seit dem Eröffnungsjahr wurden 1,4 Millionen Menschen aller Konfessionen beigesetzt. Es gibt zum Beispiel auch einen jüdischen Friedhof.

Viele bedeutende Persönlichkeiten – darunter Bürgermeister, Senatoren, Dichter, Musiker, Schauspieler – haben auf dem Ohlsdorfer Friedhof ihre letzte Ruhestätte gefunden. Bestattet sind hier unter anderem die Schauspielerinnen Monica Bleibtreu und Inge Meysel, der Komiker Heinz Erhardt und der Schauspieler Hans Albers, Tierparkgründer Carl Hagenbeck, Hamburgs Oberbaudirektor Fritz Schumacher, der Schriftsteller Wolfgang Borchert („Draußen vor der Tür“), Altbundeskanzler Helmut Schmidt und dessen Frau Loki.

Mit seinen historischen Grabstätten und den 800 Skulpturen, 36 000 Bäumen, den Sonderanlagen wie dem „Althamburgischen Gedächtnisfriedhof“, den Baumgräbern und dem „Garten der Frauen“ sowie dem 17 Kilometer langen Straßennetz ist der Ohlsdorfer Friedhof ein herausragender Ort der Erinnerungskultur – und ja: auch der Erholung.

Haupteingang: Fuhlsbüttler Straße 756,
www.friedhof-hamburg.de/ohlsdorf

Ottensen

„Motte" und „Fabrik", Zeisehallen und Gründerzeithäuser – Ottensen (Fläche 2,8 Quadratkilometer, Stadtbezirk Altona) ist einer der beliebtesten Stadtteile, der zwischen den engen Straßen vieles zugleich ist: großbürgerlich und proletarisch, provinziell und multikulturell. In seiner Geschichte hat es Ottensen immer wieder geschafft, sich zu wandeln – zuletzt vom industriell geprägten Sanierungsgebiet zum pulsierenden Szeneviertel, in dem Bars und Straßencafés zum Verweilen einladen. Wo ehemals Läden wie die Drogerie Molitor und kleine Handwerksbetriebe die kopfsteingepflasterten Straßen säumten, steigen allerdings die Mieten und Immobilienpreise.

Erstmals wurde Ottensen als „Ottenhusen" im Jahr 1310 urkundlich erwähnt. Der Name bezeichnet den Ort, an dem der Hof des Ritters Otto von Bahren lag („husen" = hausen). Im 19. Jahrhundert erlebte Ottensen, das seit dem Groß-Hamburg-Gesetz von 1937 zur Hansestadt gehört, einen wirtschaftlichen Aufschwung. Zahlreiche Betriebe (Eisen- und Schiffbau, Glashütten, Tabak- und Fischfirmen) siedelten sich hier an. In dieser Zeit erhielt Ottensen den Spitznamen Mottenburg, möglicherweise wegen der vielen Menschen, die infolge schlechter Wohn- und Arbeitsbedingungen an Tuberkulose litten und sozusagen „mottenzerfressene" Lungen hatten.

In den Zeisehallen (Friedensallee 7) arbeitete bis 1979 die Schiffsschraubenfabrik von Theodor Zeise. Heute befinden sich in den ziegelroten Hallen mit der modernen Glasarchitektur unter anderem das Zeise-Kino (Programmkino; drei Säle mit 396, 96 und 67 Sitzplätzen), Medienunternehmen und Restaurants wie das „Eisenstein" und die „Filmhauskneipe".

Die leer stehenden Industriebauten boten vielfältige Nutzungsmöglichkeiten. „Die Motte" (Eulenstraße 43), 1979 vom Verein für stadtteilbezogene Kultur- und Sozialarbeit e.V. gegründet, bezog die Räume in einer ehemaligen Schokoladenfabrik. Mit der „Fabrik" (Barnerstraße 36), dem ersten Kultur- und Kommunikationszentrum Deutschlands, setzten der Maler Horst Dietrich und der Architekt Friedhelm Zeuner 1971 ihren Plan

Die „Filmhauskneipe“ in den Zeisehallen. Früher wurden dort Schiffsschrauben gefertigt.

um: „Kultur für alle“ lautete das Motto. So großzügig wie der hohe, kirchenschiffartige Raum, so transparent und umfassend zeigt sich das Profil der Veranstaltungen: Kinder- und Jugendarbeit, Pädagogik und Politik, Lesungen und Diskussionen, Theater und Konzerte aller Art. Bis heute gilt der Anspruch, Kunst und Kultur vom Sockel elitärer Erhabenheit herunterzuholen.

Als im Sommer 1971 der griechische Komponist Mikis Theodorakis hier auftrat und die griechische Militärjunta verurteilte, gelang der Altonaer „Fabrik“ der Durchbruch. In den Folgejahren entstanden europaweit viele Kulturzentren nach dem Hamburger Vorbild. Lang ist die Liste der Gastkünstler, zu denen Miles Davis, Georges Moustaki und Meat Loaf gehörten. Ein Feuer in der Nacht zum 11. Februar 1977, vermutlich ein Brandanschlag, zerstörte das Gebäude bis auf die Grundmauern. Doch es wurde wieder aufgebaut. Bis heute ist ein Industriekran über der Fabrik das Markenzeichen des Zentrums. Man muss die Lasten des Lebens eben nicht allein tragen, in der „Fabrik“ geht das gemeinsam.

Jedes Jahr feiert Ottensen mit dem Stadtbezirk die „altonale“. Das Open-Air-Festival verwandelt seit der erfolgreichen Vorläufer-Veranstaltung im Jahr 1998 Altonas Straßen und Plätze in ein Kulturfestival, das jeden Sommer zwei Wochen lang rund 600 000 Besucher anlockt. Die Festivalmacher versprechen „Kultur mit niedrigen Schwellen".

In den Fokus der weltweiten Aufmerksamkeit geriet Ottensen im Sommer 1991, als bei den Bauarbeiten auf dem früheren Hertie-Gelände an der Ottenser Hauptstraße Reste des darunter liegenden, von 1663 bis 1934 bestehenden Jüdischen Friedhofs zutage gefördert wurden. Orthodoxe Juden besetzten den Bauplatz, auf dem das Einkaufszentrum „Mercado" entstehen sollte. Denn für gläubige Juden sind Gräber unantastbar. Nach einer Entscheidung des Jerusalemer Oberrabbiners Yitzhak Kolitz kam es zu einem Kompromiss: Die Grabstätten wurden mit einer Betonplatte gesichert, und die Investoren verzichteten auf den Bau einer Tiefgarage. Eine Gedenktafel an der Treppe ins Untergeschoss des Mercado erinnert an den Jüdischen Friedhof Ottensen und nennt die Namen der hier bestatteten Toten, darunter der Bankier und Wohltäter Salomon Heine (1767–1844), Onkel des Dichters Heinrich Heine.

Övelgönne

Gleich hinter der Seniorenresidenz Augustinum, die in den monumentalen Formen des einst hier stehenden Union-Kühlhauses von 1924 erbaut wurde, beginnt elbabwärts der Sehnsuchtsort – der bis nach Teufelsbrück reichende Strand von Övelgönne (für Traditionalisten: Oevelgönne).
Der Namensteil „gönne“ könnte auf das plattdeutsche Wort für „jenseitige“ zurückgehen, womit die Bewohner der südlichen Elbseite die Fischersiedlung bezeichneten, die erst zur Herrschaft Pinneberg, dann zu Altona gehörte und 1937 in Hamburg eingemeindet wurde. Einer anderen Deutung zufolge bezeichnet Övelgönne die Missgunst der → *Ottenser* Bevölkerung gegenüber den Övelgönnern („övel gönnt“ = übel gegönnt).
Alte Fischer- und Lotsenhäuser am Elbgeesthang säumen den parallel zum Strand verlaufenden Fußgängerweg „Övelgönne“, der zum Spaziergang einlädt. Doch bevor es losgeht, sollte man noch etwas am Anleger Neumühlen/Övelgönne verweilen. Denn dort pflegt der Verein „Museumshafen Oevelgönne e. V.“ rund 30 Maschinenfahrzeuge und Segelschiffe sowie zwei Kräne.

Das ehemalige Fischer- und Lotsendorf Övelgönne ist eine Station auf dem langen Weg längs der Elbe bis zur Stadtgrenze im Westen.

Der Museumshafen Oevelgönne beherbergt unter anderem Segler aus Fluss-, Küsten- und Hochseefahrt. Gegenüber am Geesthang kuscheln sich die Häuser mit grandiosem Elbblick.

Die Geburtsstunde für den Museumshafen schlug 1977, nachdem durch den Bau des Neuen → *Elbtunnels*, dessen nördliche Einfahrt unter diesem Ort liegt, ein kleines neues Hafenbecken entstanden war. Damals machten die ersten sieben Vereinsmitglieder an sieben Liegeplätzen ihre alten Schiffe fest – vorwiegend Berufswasserfahrzeuge aus der Zeit zwischen 1880 und 1930. Der Name „Museum" ist eigentlich irreführend, denn die Schiffe sind keineswegs verstaubt, sondern fahrtüchtig. Und von außen kostenfrei zu besichtigen. Größtes Exemplar ist der 1933 gebaute Eisbrecher „Stettin", der noch so rüstig ist, dass er jedes Jahr im Frühjahr zum → *Hafen*geburtstag schippert. Bis 1981 war das Schiff im Dienst und führte zahlreiche Einsätze an der Unterelbe und im Nord-Ostsee-Kanal durch. Das zweitgrößte Ausstellungsstück ist die 45 Meter lange „Elbe 3": Das Feuerschiff wurde 1888 in Bremen-Vegesack gebaut und diente als ein mit Petroleum und später mit Gas betriebenes Leuchtschiff in der Weser, später auf der Position „Elbe 3" in der Elbmündung zur Orientierung der Seeleute.

Museumshafen Oevelgönne: Anleger Neumühlen/Övelgönne, T. 040 41912761, www.museumshafen-oevelgoenne.de

Weiter geht's nun auf dem Fußgängerweg oder direkt am Övelgönner Strand bis zur Treppe „Himmelsleiter“, die zur → *Elbchaussee* hinaufführt. Hier kann man elbnah in der kultigen „Strandperle“ rasten – um dann gestärkt zum „Alten Schweden“ aufzubrechen. Dem ist zuerst die Crew des Schwimmkrans „Titan“ bei Baggerarbeiten zur Elbvertiefung im September 1999 begegnet. Zunächst dachten die Arbeiter, dass es sich um ein Wrack handele. Aber Taucher stellten schnell fest: Es war ein riesiger Gesteinsbrocken, der da in Höhe Övelgönne in einer Tiefe von 13,50 Metern in der Elbe lag. Nach zwei Bergungsversuchen wurde er an Land gebracht.
Der Riese mit einem Umfang von 20 Metern und einer Höhe von 4,50 Metern gilt als geologische Sensation. Schließlich ist er der älteste Großfindling Deutschlands.
Er ist 1,8 Milliarden Jahre alt, wiegt 217 Tonnen und gelangte per Gletschertransport vor 400 000 Jahren von Südschweden über die Ostseesenke in die Elbregion. Da war es bitterkalt, denn die „Elster-Eiszeit“ hielt auch Norddeutschland im Griff. Die Spuren der langen Wanderung sind noch heute zu sehen: So finden sich an seiner nördlichen Seite sogenannte Gletscherschrammen – eingekritzte Furchen, die parallel verlaufen. Sie entstanden, als andere Gesteinsbrocken an der Oberfläche des Findlings vorbeischrammten. Geologen haben herausgefunden, dass der Mineralbestand des Steins auf eine Herkunft aus den Graniten Ostsmålands (Grauer Växjö-Granit) hinweist.
Die Hamburger bürgerten ihren ältesten Migranten schnell ein und gaben ihm dem passenden Namen „Alter Schwede“. Das geschah im Rahmen einer Taufzeremonie am Elbstrand im Juni 2000. Dort, wo er auch heute steht – als Naturdenkmal, das die (Ge-)Zeiten zu überdauern scheint.

Strandperle, Övelgönne 60,
T. 040 8801112, www.strandperle-hamburg.de
Alter Schwede, Hans-Leip-Ufer

Passagen

Zum „Late-Check-Out“ bitten Hamburger Hotels, wenn die mehr als 1000 City-Geschäfte viermal im Jahr sonntags öffnen. So haben die Hotelgäste nach längerem Schlummern Gelegenheit, in den 13 Passagen der Innenstadt in aller Ruhe einzukaufen. Gerade bei schlechtem Wetter sind die überdachten Shopping-Tempel ein willkommener Ort zum Bummeln.

Wo sich heute zwischen → *Jungfernstieg* und Poststraße die Passage Hamburger Hof befindet, stand Mitte des 19. Jahrhunderts mit „Sillem's Bazar“ die erste große Einkaufspassage in Deutschland. „Nach Hamburg fahren und den Bazar nicht sehen, ist wie Rom ohne den Papst“, jubelte damals die Presse. Die Kunden blieben freilich irgendwann aus – und das Gebäude wurde abgerissen und durch den heutigen Sandsteinbau, ursprünglich ein Hotel, ersetzt.

Levantehaus, Hanse-Viertel und Europa Passage tragen ebenfalls auf herausragende Weise zum hamburgischen Einkaufserlebnis bei. 1912 errichtete der Architekt Franz Albert Bach an der Mönckebergstraße 7 das Levantehaus. Die aufgehende Sonne ist bis heute das Markenzeichen. Das 1981 eröffnete Hanse-Viertel zwischen Poststraße und Große Bleichen erzielt regelmäßig bei bundesweiten Kundenbefragungen Bestwerte bei Beratung, Kompetenz und Gepflegtheit. Außerdem wissen die Besucher das Ambiente zu schätzen, das ihnen das Gefühl gibt, mit Muße einkaufen zu können. Quirliger geht es in der 2006 eröffneten Europa Passage an den Binnenalster zu, wo 125 Geschäfte vor allem junge Leute zum Shoppen locken. Pro Jahr pilgern rund 16 Millionen Kunden in den gläsernen Einkaufspalast, der ganz im Kontrast zu so → *hanseatisch*-gediegenen Passagen wie dem 1909 erbauten Kaufmannshaus (Große Bleichen 31) und dem 1990 eröffneten Bleichenhof (Ecke Große Bleichen/Bleichenbrücke) steht.

Paternoster

Nach der Sitzung des Kerngebietsausschusses hatte es ein Hamburger FDP-Politiker im Herbst 2015 besonders eilig. Er schnappte sich im Bezirksamt Eimsbüttel (Grindelberg 66) sein Elektro-Bike, das er aus Angst vor einem Fahrraddiebstahl mit einem Fahrstuhl in die zwölfte Etage mitgenommen hatte. Für den Rückweg nach unten wählte er ausgerechnet den Paternoster. Plötzlich rutschte ihm bei der Abwärtsfahrt das Zweirad aus der Hand, es blockierte die Gondel und setzte den sonst schier endlos ratternden „Personenumlaufaufzug“ außer Betrieb, mehrere Wochen lang.

Das geschah ausgerechnet in der deutschen Paternoster-Hauptstadt Hamburg, in der noch heute rund 30 solcher Umlaufaufzüge aktiv sind – zum Beispiel in der Finanzbehörde (Gänsemarkt 32) und im ehemaligen Gebäude des Axel Springer Verlags (Axel-Springer-Platz 1). Sie hieven mit Tempo 0,4 Meter pro Sekunde Menschen nach oben oder nach unten. Zwar wurde der erste Paternoster in England entwickelt und 1876 in das Londoner General Post Office eingebaut. Aber es war Hamburg, wo zehn Jahre später der erste Paternoster auf dem europäischen Kontinent seine Fahrt aufnahm – im Kontorhaus Dovenhof von Martin Haller, das allerdings 1967 abgerissen wurde. In den 1930er-Jahren befand sich mehr als die Hälfte der deutschen Paternosteranlagen in Hamburg. Weil sie vor allem in Behörden eingesetzt waren, wurden sie „Beamtenbagger“ und „Bonzenheber“ genannt.

Der Name „Paternoster“ (lateinisch für „Vaterunser“) erinnert an die Paternosterschnur, eine Gebetsperlenkette, die ähnlich dem katholischen Rosenkranz als Zählhilfe für das mehrmals am Tag zu wiederholende Vaterunser diente. Der Vergleich: Wie in einer Endlosschleife beim Rosenkranzbeten bewegen sich die Kabinen auf den Rollen des Umlaufaufzugs.

Patriotische Gesellschaft

Am 17. Februar 1768 hielt der Hamburger Arzt und Naturforscher Johann Albert Heinrich Reimarus vor der „Hamburgischen Gesellschaft zur Beförderung der Künste und nützlichen Gewerbe“ einen Vortrag über die „Ursache des Einschlagens vom Blitze“. Wenige Monate zuvor war der Turm der Hauptkirche → *St. Nikolai* vom Blitz getroffen worden, und nun forderte Reimarus den Bau von Blitzableitern, wie sie jüngst (1752) Benjamin Franklin in Amerika erfunden hatte. Die 1765 gegründete Vereinigung, die sich alsbald den Beinamen „Patriotische Gesellschaft“ gab, unterstützte das Projekt: 1769 wurde auf dem Turm der → *Jacobikirche* der erste Blitzableiter auf dem europäischen Kontinent installiert. 1792 konstatierte die Patriotische Gesellschaft, dass alle Hauptkirchen und „fast alle öffentlichen Gebäude mit Ableitern“ versehen seien.
Innovationstreiber mit bürgerschaftlichem Engagement – die „Patriotische Gesellschaft“ gilt als die älteste zivilgesellschaftliche Vereinigung im deutschsprachigen Raum. Im Geist der Aufklärung hat sie dazu beigetragen, Impulse für eine weltoffene, moderne und tolerante Stadt zu geben. In der Krisenzeit Ende des 18. Jahrhunderts, als schon rund 100 000 Menschen in Hamburg lebten, förderte sie den Kartoffelanbau, gründete eine Vorläuferinstitution der heutigen Hamburger Sparkasse und unterstützte die „Allgemeine Armenanstalt“, die an die Stelle der kirchlichen Armenfürsorge rückte.
Gegenwärtig zählt der „Patriotische Gesellschaft“, die in ihrem historischen → *Backstein*gebäude an der Trostbrücke residiert (1847 am Platz des im → *Großen Brand* zerstörten alten Rathauses errichtet), knapp 400 Mitglieder. Sie setzen sich für das interkulturelle Zusammenleben ein und begleiten Führungskräfte beim „SeitenWechsel“. Dabei lernen die Manager andere Lebenswelten kennen, arbeiten zum Beispiel mit Drogenabhängigen und in Flüchtlingsunterkünften.

Trostbrücke 4–6, T. 040 307090500,
www.patriotische-gesellschaft.de

Das 1847 eingeweihte Gebäude der Patriotischen Gesellschaft an der Trostbrücke wurde am Platz des 1842 zerstörten Rathauses errichtet.

Petrikirche

Wer es schafft, die 544 Stufen im Turm der Hauptkirche St. Petri zu erklimmen, wird in einer Höhe von 123 Metern mit einem Blick durch die Bullaugenfenster auf die City belohnt. Hamburg älteste Pfarrkirche (1195 erstmals erwähnt), zunächst mit Holz, dann im 14. Jahrhundert als dreischiffige gotische Hallenkirche aus → *Backstein* gebaut, nach dem → *Großen Brand* von 1842 in ähnlicher Form von Alexis de Chateauneuf neu errichtet, steht auf dem mit neun Metern höchsten Punkt der Altstadt.
Die Nähe zum → *Rathaus* ist nicht nur geografisch, sondern auch politisch zu verstehen: St. Petri ist die Rathauskirche, in der vor jeder konstituierenden Sitzung der → *Bürgerschaft* ein Gottesdienst stattfindet. Politische Brisanz bekam das Gotteshaus auch im Jahr 1977, als sich der Tübinger Lehrer Hartmut Gründler aus Protest gegen die Nutzung der Atomenergie vor dem Gebäude in Flammen setzte und an den Folgen der Verbrennungen starb. Eine interaktive Gedenktafel an der Kirchenmauer erinnert an sein Schicksal. Daneben steht eine Statue

Am linken Türflügel des Hauptportals der Petrikirche ist Hamburgs ältestes Kunstwerk, der bronzene Türzieher mit Löwenkopf, zu sehen. Er entstand bald nach 1342, die Umschrift überliefert, dass in diesem Jahr die Fundamente für den Turm gelegt wurden.

des NS-Widerständlers Dietrich Bonhoeffer, die der Verleger Axel Springer gestiftet hat.
Zu den Schätzen der Kirche gehört – neben Hamburgs ältestem Kunstwerk, einem bald nach 1342 entstandenen Türzieher mit Löwenkopf am linken Türflügel des Hauptportals – ein Ölgemälde des Hamburger Malers Jacob Jacobs. Es stammt aus dem Jahr 1603 und zeigt den Reformator Martin Luther mit einem Schwan. Der Vogel symbolisiert den Prager Vor-Reformator Jan Hus, der wie Luther gegen den Ablasshandel des Papstes wetterte. Bevor Hus, dessen Name im Deutschen „Gans" bedeutet, 1415 als Ketzer auf dem Scheiterhaufen verbrannt wurde, soll er gesagt haben: „Sie werden jetzt eine Gans braten, aber über hundert Jahre werden sie einen Schwan singen hören, den sollen sie leiden (dulden)." Luther zitierte häufiger diese Weissagung und sah sie mit seinem Auftreten erfüllt.

Mönckebergstraße/Ecke Steinstraße, T. 040 3257400, www.sankt-petri.de

Pfeffersäcke

Es lebe das Vorurteil! Noch heute behaupten Zeitgenossen immer wieder, Hamburger Kaufleute seien „Pfeffersäcke". Sie greifen dieses alte und eigentlich längst überholte Schimpfwort auf, das auf die ebenso tüchtigen wie vermögenden, aber auch geizigen Hamburger Unternehmer und Pfefferhändler anspielt, deren Leibesfülle zu allem Überfluss auch noch beträchtlich ausgeprägt war. Von König Christian IV. (1577–1648), der über Dänemark und Norwegen herrschte, stammt dieses Verdikt über die Hamburger Kaufleute: „Hochmütige Krämer und Pfeffersäcke, schmierige Heringshändler und Bärenhäuter."
Heinrich Heine, der als junger Mann zeitweise bei seinem Hamburger Onkel, dem Bankier Salomon Heine, wohnte, trug zur Verbreitung dieses Vorurteils bei. „Wahr ist es, es ist ein verludertes Kaufmannsnest hier, Huren genug, aber keine Musen. Mancher deutsche Sänger hat sich schon die Schwindsucht an den Hals gesungen." So schrieb er am 16. Juli 1816 an seinen Jugendfreund Christian Sethe. Und später meinte er, die „Stadt der Pfeffersäcke" sei von „getauften und ungetauften Juden (alle Hamburger nenne ich Juden)" bewohnt. Heine war selbst jüdischer Abstammung.
Reiche Hamburger Kaufleute – es gibt sie bis heute. Unter den 500 reichsten Deutschen werden 47 Hamburger aufgelistet, das sind so viele wie in keiner anderen Region in der Bundesrepublik. Ihr Gesamtvermögen beträgt mehr als 50 Milliarden Euro. Doch das ist nur die eine Seite der (Gold-)Medaille:

„Pfeffersäcke" können auch spendabel sein!

Die Hansestadt gilt mit umgerechnet 75 Stiftungen pro 100 000 Einwohner als die führende Stiftermetropole in Deutschland. Die 1300 Stiftungen in der Hansestadt verfügen über ein Kapital von 7,8 Milliarden Euro. Diese Einrichtungen sind auf verschiedenen Gebieten aktiv, darunter Kunst, Kultur, Politik, Naturschutz und Soziales.

Planten un Blomen

Was hat die Platane nicht alles erlebt, die heute am Dammtor-Eingang von Planten un Blomen (plattdeutsch: „Pflanzen und Blumen“) steht. 1821 wurde sie anlässlich der Gründung des → *Botanischen Gartens* gepflanzt, von dem an diesem Standort nach dem Umzug gen Klein Flottbek in den 1970er-Jahren noch die Tropengewächshäuser verblieben sind.
Alfred Brehm (1829–1884), der berühmte Zoologe und Verfasser von „Brehms Thierleben“, lustwandelte an der Platane vorbei, wenn es seine Zeit als Hamburger Zoodirektor erlaubte. Denn wo sich heute die 47 Hektar große grüne Oase mitten in der Stadt erstreckt, befand sich von 1863 bis 1930 Hamburgs zoologischer Garten. Es war der fünfte Zoo in Deutschland, und Alfred Brehm war sein erster Direktor. Heute erinnert daran nur noch die nördlich von Planten un Blomen verlaufende „Tiergartenstraße“.
Zu den Unterstützern des Zoos gehörte damals der Zoologe und Ökologe Karl August Möbius, der zeitweise als Lehrer am → *Johanneum* arbeitete. Sein großes Steckenpferd war der Bau

Planten un Blomen. Im Vordergrund der Rosengarten, dahinter der Heinrich-Hertz-Turm

eines Meerwasseraquariums. Und tatsächlich konnte er das Projekt vollenden: Mit der Gründung des Zoos eröffnete auf dem heutigen Parkgelände das erste öffentliche Meereswasseraquarium Deutschlands.
Wo sich seit dem 30-jährigen Krieg (1618–1648) bis in die erste Hälfte des 19. Jahrhunderts die Befestigungs- und Schutzanlagen der Hansestadt erstreckten – der Name „Wallanlagen“ deutet noch darauf hin –, sprießen inzwischen Tulpen und Vergissmeinnicht. Nach dem Ende des Zoologischen Gartens, der nicht mit → *Hagenbecks Tierpark* konkurrieren konnte, veränderten die 1935 durchgeführte Gartenschau „Planten un Blomen“ und die Internationalen Gartenausstellungen (IGA) in den Jahren 1953, 1963 und 1973 das Antlitz der grünen Anlage.
Seit 1971 lockt eine Freiluft-Eisbahn die Kufenläufer an. Mit einer Fläche von 4300 Quadratmetern gilt sie als eine der größten dieser Art. Rekordverdächtig ist auch Japanische Garten mit Teehaus, See und Felsen aus dem Fichtelgebirge. Das 1990 eröffnete fernöstliche Biotop ist der größte Japanische Garten in Europa.

Holstenwall, T. 040 427310545
(Veranstaltungsinformationen, Fundsachen),
www.plantenunblomen.hamburg.de

Quiddje

Ein Quiddje ist für Einheimische rasch zu identifizieren: Der Zugereiste spricht weder Plattdeutsch noch dessen Variante → *Missingsch*, das typische Hamburger Platt. Ein Quiddje (Ortsfremder) weiß auch nicht, dass es „auf" und nicht „in" → *St. Pauli* heißt.

Selbst wer sich sprachlich anzupassen versteht, bleibt zeit seines Lebens ein Quiddje. In Sachen Inklusion sind die waschechten Hanseaten (→ *Hanseatisch*) eben ganz schön streng. Selbst Max Brauer (1887–1973), den ersten frei gewählten Hamburger Bürgermeister nach dem Zweiten Weltkrieg, nannten sie einen Quiddje, nur weil er in → *Ottensen* geboren wurde, das erst seit 1937 zu Hamburg gehörte. Und Herbert Weichmann, Erster Bürgermeister von 1965 bis 1971, galt als der „Quiddje aus Schlesien".

Es braucht schon mehr, um zum wirklichen Hamburger zu werden. Dass Hamburg Geburtsort ist, reicht gerade mal für die Qualifikation zum „gebürtigen Hamburger". Zum „geborenen Hamburger" wird man erst, wenn mehrere Generationen zuvor in Hamburg geboren wurden und daselbst auch gelebt haben.

Um den vielen Zugereisten etwas entgegenzusetzen, wurde 1897 der „Verein geborener Hamburger" gegründet. Er heißt inzwischen „Verein der Hamburger" und nimmt auch Quiddjes auf, die seit mehr als drei Jahren in Hamburg leben.

Die mobile Gesellschaft hat die Population der Quiddjes erheblich ansteigen lassen. Wie ein Report des „Hamburger Abendblatts" auf der Basis von statistischen Daten aus dem Jahr 2012 ergab, sind gerade mal 45 Prozent aller in Hamburg gemeldeten Einwohner auch in Hamburg geboren. Die übrigen 55 Prozent kamen in einem anderen Bundesland oder im Ausland zur Welt. Den höchsten Anteil von waschechten Hamburgern gibt es in den → *Vier- und Marschlanden*. Die größte Gruppe der Zugereisten stellen übrigens die Berliner (24 800), Reinbeker (12 600) und die ehemaligen Bewohner der afghanischen Hauptstadt Kabul (11 200).

Rathaus

Bürgermeister Olaf Scholz (SPD) steht ganz oben auf der Senatstreppe im Hamburger Rathaus und blinzelt in die Abendsonne. Kurz zuvor hat man ihn informiert, dass der Tross mit den Senatskarossen gerade die Bürgerweide passiert. Jetzt wartet er oben auf dem Treppenabsatz, wie es das Rathausprotokoll vorschreibt. Dann steht sie vor ihm, nachdem sie grazil die Stufen genommen hat: Ihre Majestät Königin Máxima, mit grauem Hut und stattlicher Krempe. Sie begleitet ihren Gatten Willem-Alexander, König der Niederlande. Jeder Staatsgast, so will es die Tradition, muss die Senatstreppe zum jeweils amtierenden und ganz oben wartenden Bürgermeister hinaufsteigen, während an den Geländern Polizeischüler in schmucken alten Uniformen postiert sind.
Repräsentationsbau, Regierungssitz, Haus für → *Bürgerschaft* und Bürger – das alles ist das Hamburger Rathaus. Das imposante Neorenaissance-Gebäude mit dem 112 Meter hohen Turm und den 647 Räumen steht symbolisch für das bürgerliche Selbstbewusstsein der Hanseaten (→ *Hanseatisch*) gegenüber weltlicher und geistlicher Obrigkeit. 1897 mit einem Volksfest eingeweiht, kündet nicht nur der „Bürgersaal" von Bürgernähe und zivilem Freiheitssinn, sondern auch ein Monumentalgemälde von Hugo Vogel im Großen Festsaal. Ursprünglich zeigte das 1909 vollendete Bild mit dem Titel „Christianisierung", wie ein Jüngling demütig vor dem segnenden Bischof → *Ansgar*, dem Missionar des Nordens, kniet. Doch die Senatsherren entschieden damals, dass der Künstler diese Pose übermalen müsse. Die Begründung: Ein Hamburger beuge sich vor niemandem, auch nicht vor der Kirche. Nun segnet der Bischof ins Leere. Die ursprüngliche Darstellung ist nur noch bei einem bestimmten Lichteinfall zu erkennen.
Hamburgs sechstes Rathaus – die Vorgängerbauten standen vom 13. Jahrhundert bis zur ersten Hälfte des 19. Jahrhunderts an der Trostbrücke, wo jetzt die → *Patriotische Gesellschaft* ihren Sitz hat – repräsentiert architektonisch die Nähe der Politik zu den Kaufleuten. Nicht von ungefähr grenzt der Innenhof direkt

Das 1897 eingeweihte Hamburger Rathaus. Die linke Hälfte des Gebäudes ist die Bürgerschaftsseite, die rechte die Senatsseite.

an die → *Handelskammer* und die Börse; dazwischen plätschert der „Hygieia-Brunnen". Diese Allegorie der Gesundheit erinnert an die Cholera-Epidemie von 1892, der mehr als 8000 Menschen zum Opfer fielen.

Der Bau des Rathauses war notwendig geworden, weil das vorherige Gebäude an der Trostbrücke beim → *Großen Brand* 1842 gesprengt wurde, um die verheerende Feuerwalze zu stoppen (leider vergeblich). Ein Architektenteam, der „Rathausbaumeisterbund", unter Leitung von Martin Haller entwarf in einem langwierigen Prozess das Konzept für eines der schönsten Gebäude Hamburgs, das auf 4000 Rammpfählen im Alstermarschboden thront. Es ist räumlich in Senats- und Bürgerschaftsseite geteilt und beherbergt auch den Ratsweinkeller (heute „Parlament" genannt).

Auf dem Platz vor dem Rathaus, dem Rathausmarkt, finden alljährlich Feste wie der „Historische Weihnachtsmarkt" (den es entgegen seinem Namen aber erst seit dem Jahr 2000 gibt) statt. Auf den Bodenplatten links vor dem Rathaus erinnern 20 sogenannte Stolpersteine an die vom NS-Regime ermordeten Hamburger Bürgerschaftsabgeordneten. Dazu gehört der Kommunist

Ernst Thälmann, der auch Reichstagsabgeordneter war. Nach fast zwölfjähriger Einzelhaft wurde er auf Befehl Heinrich Himmlers 1944 im Konzentrationslager Buchenwald hingerichtet.
Zum Rathausmarkt-Ensemble gehört auch die 21 Meter hohe Stele zur Erinnerung an die Toten beider Weltkriege. Sie steht an der Schleusenbrücke und zeigt das Relief „Trauernde Mutter mit Kind“ von Ernst Barlach.
Dem Andenken Heinrich Heines, der in Hamburg seine ersten Gedichte veröffentlichte und eigentlich Kaufmann bei seinem Onkel Salomon Heine werden sollte, ist auf dem Rathausmarkt ein Bronzedenkmal von Waldemar Otto gewidmet. Den Dichter verband eine Hassliebe mit der Hansestadt, über die er schrieb:

„Hamburg ist die beste Republik.
Seine Sitten sind englisch
und sein Essen ist himmlisch.“

Rauhes Haus

Ohne das Rauhe Haus wäre die Weihnachtszeit nur halb so schön. Dass der Theologe und Pädagoge Johann Hinrich Wichern (1808–1881) im Jahr 1833 das „Rettungshaus“ für verwahrloste und verwaiste Kinder und Jugendliche in Hamburg-Horn gründete und mit dem „Rettungsdorf“ den Grundstein für die heutige Diakonie-Stiftung legte, dürfte bekannt sein.
Was viele nicht wissen: Im Rauhen Haus wurde der Adventskranz erfunden. In der Vorweihnachtszeit 1833 überraschte Pastor Wichern seine Jungs mit einem großen Holzrad. Darauf hatte er vier große weiße und 20 kleine rote Kerzen befestigt. Während die weißen jeweils an den vier Adventssonntagen leuchten sollten, symbolisierten die roten das tägliche Warten bis zum Heiligen Abend. So konnten die Kinder das Zählen üben.
Später wurde das Arrangement mit Tannengrün ergänzt. Bis heute ist das Entzünden des Adventskranzes, der meist nur noch aus vier Kerzen besteht, für viele Menschen ein lieb gewordenes Ritual.
Außerdem haben Wichern und seine Tochter Caroline dazu beigetragen, dass das 1816/1818 in Österreich entstandene Weihnachtslied „Stille Nacht, heilige Nacht“ nach Amerika und England kam. Der Sozialreformer schickte Seelsorger auf jene Schiffe, welche die Auswanderer von Hamburg und Bremerhaven nach Übersee brachten. Mit im Gepäck hatten die Mitarbeiter des Rauhen Hauses das 1844 erschienene, von Wichern zusammengestellte Singbuch „Unsere Lieder“. Darin standen Noten und Text von „Stille Nacht“. Caroline Wichern, die erste Dirigentin Hamburgs, machte das Lied in England populär, wo sie als Musiklehrerin arbeitete.
Heute betreut die Diakonie-Stiftung mit 1000 Mitarbeitern rund 1400 Menschen, unter anderem in der Kinder- und Jugendhilfe. Zu Wicherns Hamburger Gründungen gehört übrigens auch die Binnenschifferseelsorge mit der Flussschifferkirche im Binnenhafen (→ *Hausboote & schwimmende Häuser*).

www.rauheshaus.de

Reeperbahn

Es scheint, als sei die Reeperbahn – ursprünglich ein Ort der Seilherstellung („Reep“ = Schiffstau) – aus der Zeit gefallen. Die „sündigste Meile der Welt“ trotzt mit Table-Dance, schummrigem Rotlicht und trinkfreudigen Touristenscharen dem virtuellen Zeitalter der digitalen Nomaden. Die → *Große Freiheit*, die → *Herbertstraße* und die → *Davidwache* stehen immer noch für das Treiben „auf der Reeperbahn nachts um halb eins“, wie Hans Albers es einst besungen hat. Aber das ist nur die eine Seite. Von der → *HafenCity* und den „Tanzenden Türmen“ weht ein anderer, ein neuer Wind. So doppeldeutig wie dieses urbane Gebäude des Stararchitekten Hadi Teherani, im August 2012 an der Reeperbahn 1 eingeweiht, so ambivalent erscheint die Zukunft der 930 Meter langen Kiez-Meile zwischen Eros, Sex und Gentrifizierung. Je mehr Restaurants mit gehobenem Standard, teure Wohnungen und feine Hotels sich rund um die Reeperbahn etablieren, umso deutlicher tritt der Strukturwandel zutage, den dieser Teil von → *St. Pauli* durchlebt.

Mit fantasiereicher Symbolik entwarf Teherani das moderne Bürogebäude in Assoziation an ein Tango tanzendes Paar. Wer möchte, darf darin auch die X-Beine einer Prostituierten erkennen. So wie heute noch immer zwei überdimensionale gespreizte Frauenbeine zum Besuch der legendären Kiezkaschemme „Zur Ritze“ an der Reeperbahn 104 animieren, in deren Boxkeller Muhammad Ali und Henry Maske im Ring standen und zwei Kiezlegenden ums Leben kamen. Der Zuhälter „Chinesen-Fritz“ wurde 1981 vom Barhocker geschossen, und ein Boxer erhängte sich 2006 an einem Sandsackhaken.

Zum Glück sind jene Jahre mit den blutigen Bandenkriegen wie in den 1970er- und 80er-Jahren vorbei, in denen mit Frauen und Ferraris protzende Zuhälter zu zweifelhafter Popularität gekommen waren (auch wenn St. Pauli noch heute laut polizeilicher Kriminalstatistik Spitzenwerte bei Körperverletzung und Diebstahl einnimmt). Längst passé ist die Zeit, in der ein einzelnes Ludenkartell 200 000 Mark verdiente. Pro Woche, ver-

steht sich, wie die vier „Manager“ der GMBH (Gerd, Mischa, Beatle und Harry). Dann kamen die Nachwuchsluden von der Nutella-Bande, später die brutalen Albaner, und die Konkurrenz wurde noch härter.
Mitten im Zwielicht der „geilen Meile“ (Udo Lindenberg/Jan Delay) entstand der Kontrapunkt zu einer auf bloße Zurschaustellung und Prostitution ausgerichteten Amüsier- und Neppindustrie. Wo bereits seit 1841 das St. Pauli Theater Besucher anlockte (→ *Volkstheater*) und Anfang der 1960er die Beatles ihre ersten großen Auftritte hatten (→ *Star-Club*), kamen später das Schmidt-Theater und vor allem das neu aufgestellte Operettenhaus mit Musicals wie „Cats“, „Mamma Mia“ und „Ich war noch niemals in New York“ von Udo Jürgens dazu. Mehr noch: Seit 2006 findet hier das Reeperbahn-Festival statt, das inzwischen als das weltweit größte musikalische Clubfestival gilt. Wie Hamburg für Weltoffenheit und Toleranz steht, lockt das Festival alljährlich Trendsetter und neue, unbekannte Bands an, die Jazz, Soul, Folk, Pop, Indie oder Electro Hip spielen.
Zwar besang schon Udo Lindenberg, Dauerbewohner im Luxushotel „Atlantic“ an der Alster, den Wandel auf der sündigen Meile mit den Worten:

„Reeperbahn,
wenn ich Dich heute so anseh' –
die Abende sind teuer,
doch es gibt kein Abenteuer.“

Aber muss man es wirklich beklagen, wenn die Schmuddelecken schrumpfen und die Sexarbeiterinnen offenbar unter etwas menschlicheren Bedingungen ihrer Tätigkeit nachgehen als früher?

Rezess

Dort, wo an der Brandstwiete jahrzehntelang das Nachrichtenmagazin „Der Spiegel" residierte, lebte im Mittelalter der Bürger Hein Brand. Wie es dazu kam, dass er dem Herzog Johann III. von Sachsen-Lauenburg eine größere Geldsumme lieh, ist nicht überliefert. Fest steht, dass der Hamburger sein Geld zurückforderte. Bei einem zufälligen Zusammentreffen auf der Straße verlieh Brand seiner Forderung Ausdruck und beschimpfte den Herzog. Der beschwerte sich beim „hochedlen und hochweisen Rath" der Stadt Hamburg, einem Oligarchen-Gremium aus rund 70 Kaufleuten. Daraufhin wurde Brand ins Gefängnis gesteckt.

Doch der Rat hatte die Rechnung ohne das Volk gemacht. Es kam zu schweren Unruhen, bei denen die Bürger die Freilassung von Brand forderten. Mit Erfolg. Nach wenigen Tagen wurde ein Dokument unterschrieben, das als Vorläufer der Hamburger Verfassung gilt. Der 1410 zwischen Rat und → *Bürgerschaft* unterzeichnete Rezess (von lateinisch „recedere" = zurückweichen, zurückgehen) galt als Kompromiss und stärkte erstmals, juristisch verbrieft, die Bürgerrechte. So durfte der Rat ohne Zustimmung der Bürgerschaft niemanden verhaften. Wollten die Männer im Senat einer anderen Macht den Krieg erklären oder bei den Bürgern die Steuern erheben, bedurfte es ebenfalls der Zustimmung.

In den folgenden Jahrhunderten wurden weitere Rezesse vereinbart, die zur politischen Stabilität des Gemeinwesens beigetragen haben.

Die Macht der Männerriege im Senat, wie der Rat seit 1860 heißt, wurde erst im Jahr 1946 gebrochen: Da trat mit der SPD-Politikerin und Senatorin Paula Karpinski (1897–2005) die erste Frau in ein Landeskabinett.

Die Brandstwiete ist übrigens nach Hein Brand benannt.

Rode Grütt

Und jetzt etwas Süßes! Ob in Thomas Manns „Buddenbrooks", beim Treueball der langjährigen „Hamburger Abendblatt"-Abonnenten im Hamburger Hotel „Atlantic" oder zum kulinarischen Finale einer Familienfeier: Als Krönung der Gaumengenüsse wird Rode Grütt, Rote Grütze, gereicht. Schon der Husumer Dichter und Schriftsteller Theodor Storm (1817–1888) schwärmte für etwas Süßes („Erfahrungsgemäß essen alle Poeten gern Kuchen") und bezeichnete das Menü mit Scholle und Roter Grütze als sein Lieblingsgericht.

Die Rode Grütt ist ursprünglich ein Arme-Leute-Essen aus Norddeutschland und Skandinavien und inzwischen eine beliebte Nachspeise, die auf kaum einer Festtafel in Hamburg fehlt. In die Grütze, grob zerkleinerte Getreidekörner, gaben die Köchinnen früher den Saft von eingemachten Johannisbeeren, Himbeeren, Kirschen und Brombeeren, manchmal auch reichlich Wein. Dann wurde der leuchtend rote Hafer- oder Gerstenbrei gekocht.

Heute bilden frische oder konservierte Früchte, und nicht mehr Getreidekörner, zusammen mit Speisestärke, Gelatine, Zucker und Vanille die wichtigsten Zutaten der Rode Grütt. In schmucke Schalen gefüllt, wird das Dessert kalt gegessen. Dazu passen Vanillesoße, viel Milch, flüssige oder geschlagene Sahne oder Eiskugeln. Lecker!

Klaus Groth (1819–1899), der niederdeutsche Lyriker und Schriftsteller, meinte:

„Rodegrütt, dat is een Eeten."

Also: Rote Grütze, das ist ein Essen. Und wir wissen: So fruchtig schmeckt der Sommer in Hamburg!

Schanzenviertel

Tummelplatz für Autonome, Ort für „Multikulti“ und Alternativkultur, Gastromeile für Szenegänger, Fundgrube für hippe Mode und individuelles Design – all das ist das Schanzenviertel, oder kurz: die Schanze. Schanzen-, Susannen- und Bartelsstraße sowie das Schulterblatt – schon 1745 so genannt nach einem Wal-Schulterblatt als Kneipenschild – bilden das Herz des Viertels im Stadtteil Sternschanze. Wie der gleichnamige Bahnhof an der 1866 gebauten Verbindungsbahn zwischen Hamburg und Altona verdankt er seinen Namen einer sternförmigen Verteidigungsanlage, die im 17. Jahrhundert auf dem Gelände des heutigen Sternschanzenparks errichtet wurde.
Um 1900 siedelten sich Betriebe wie der Zentralschlachthof, die Pianofabrik Steinway und der Schreibgerätehersteller Montblanc an. Knapp hundert Jahre später war das sanierungsbedürftige Altbauviertel mit seinen billigen Wohnungen besonders bei Arbeitern, Migranten und Studenten beliebt. Heute ist der quirlige Stadtteil von allen Vor- und Nachteilen der „Gentrifizierung“ geprägt.
Berühmt-berüchtigt ist linksalternative Kulturzentrum „Rote Flora“ am Schulterblatt 71. Seit das ehemalige Flora-Theater im November 1989 besetzt wurde, ist es ein Sammelbecken von politisch radikalen Leuten und wurde immer mehr zum optischen Schandfleck. Schon vorher hatte der Teilabriss zugunsten eines Neubaus für das Musical „Phantom der Oper“, der dann durch den Protest von Anwohnern und Autonomen verhindert wurde, das Gebäude stark in Mitleidenschaft gezogen. Dabei wurde sogar ein denkmalgeschützter „Crystallpalast“ von Gustave Eiffel (ja, der mit dem Turm!) abgerissen. Anfang des 20. Jahrhunderts wurden hier noch ganz friedlich Operetten gespielt, und im Flora-Marsch von Paul Lincke heißt es:

„Dora – komm in die Flora,
die so viele Reize hat.“

In der „Schanze“, dem Hamburger Schanzenviertel, ist immer was los. An schönen Sommerabenden herrscht hier am Schulterblatt mediterrane Atmosphäre nach dem Motto „Leben und leben lassen“.

Inzwischen kommt eher mal die Polizei, um verdeckte Ermittlerinnen gegen die linke Szene einzuschleusen. Doch mehrere Beamtinnen wurden von den „Floristen“ enttarnt.

Zu den heutigen Reizen der Schanze gehören der mit 60 Metern höchste Wasserturm Europas, der heute ein Hotel ist; die Multimedia-Agenturen, Werbe- und Softwarefirmen in sanierten ehemaligen Fabriken; die vielen Boutiquen, Szeneläden, Cafés und Kneipen, die jeden Abend von jungen Leuten bevölkert werden.

Schmuddelwetter

In diesem Wort steckt wohl ein Körnchen Wahrheit: Schmuddelwetter (von plattdeutsch „smuddeln“ = schmutzig werden; nieseln) herrscht nach Ansicht der Hamburger immer dann, wenn es vor allem im Herbst bei einer Hochdruckwetterlage und schwachem Wind aus tiefer hängenden Wolken nieselt und sich Nebel bildet.

Doch dass in der Hansestadt schlechtes Wetter besonders gehäuft vorkäme, ist meteorologisch nicht erwiesen!

Bei einer europaweiten statistischen Erhebung für das Jahr 2004 nahmen Halle an der Saale und Köln den ersten und zweiten Platz als regenreichste Städte Europas ein (Niederschläge jeweils an 266 bzw. 263 Tagen). In Hamburg liegt die Zahl der Niederschlagstage im langjährigen Mittel bei rund 200 – mit leicht steigender Tendenz. Pro Jahr sind das durchschnittlich 770 Liter pro Quadratmeter. Das nasseste Jahr in der Hamburger Geschichte war 1916 mit 1068 Litern Niederschlag pro Quadratmeter. Zwar ist Hamburg weder „Deutschland“- noch „Europameister“ bei der Zahl der Regentage, es gehört aber zu den regenreicheren Städten Deutschlands.
Der maritime Einfluss von Nord- und Ostsee, → *Alster & Elbe* sowie die → *Fleete* und Kanäle prägen Klima und Stadtwetter. Im Jahresmittel ist die Elbe 2,2 Grad Celsius und die Alster 1,5 Grad Celsius wärmer als die Luft. Dazu kommt meist eine leichte frische Brise, vorwiegend aus westlichen Richtungen. Das Jahresmittel der Windgeschwindigkeit beträgt in der Stadt 4,50 Meter pro Sekunde (zum Vergleich: Helgoland: 8 m/s; Lüchow: 3 m/s.) Die mittlere Jahrestemperatur erreicht in der Hansestadt an der Station Fuhlsbüttel des Deutschen Wetterdienstes 9 Grad Celsius (Schwerin: 8,7). Und die Sonne ließ sich von 1971 bis 2000 in der Hansestadt im Jahresmittel 1585 Stunden lang sehen.

Speicherstadt

Vier Monate nach seiner Thronbesteigung steht Kaiser Wilhelm II. am 29. Oktober 1888 auf der Brooksbrücke, die Altstadt und → *Kehrwieder* miteinander verbindet. Die Hamburger haben an diesem Montag arbeitsfrei bekommen. Es herrscht zwar kein „Kaiserwetter", dafür aber ist „Kaisertag". Bevor der Monarch zu einer silbernen Kelle und einem silbernen Hammer greift, haben Zeitzeugen Gelegenheit, den „knapp mittelgroßen Mann mit rastlosen, strahlend blauen Augen und lockigem hellbraunem Haar", vor allem aber den „buschigen Schnurrbart mit aufgebogenen Spitzen" aus nächster Nähe zu betrachten. Dann spricht Wilhelm II. die Worte: „Zur Ehre Gottes, zum Besten des Reiches, zu Hamburgs Wohl" und besiegelt mit Hammer und Kelle Hamburgs Anschluss an das Reichszollgebiet mit dem Sonderrecht des Freihafens sowie die Fertigstellung des ersten Bauabschnitts der Speicherstadt.

Seit 1883 mussten fast 20 000 Bewohner der beiden Elbinseln Kehrwieder und Wandrahm ihre Häuser verlassen, weil auf diesem mehr als einen Kilometer langen Areal das größte und modernste Logistikzentrum der damaligen Zeit entstehen sollte. Die Entscheidung im Senat für das 40 Millionen Goldmark teure Prestigeprojekt der Hamburger Freihafen-Lagerhaus-Gesellschaft, Vorläuferin der im „Rathaus der Speicherstadt" (Bei St. Annen 1) residierenden Hamburger Hafen und Logistik AG (HHLA), war denkbar knapp ausgefallen. Der städtische Oberingenieur Franz Andreas Meyer (1837–1901) leitete die Planungen und ließ die 15 siebenstöckigen Lagerhäuser sowie weitere Einzelbauten auf 3,5 Millionen Eichenpfählen errichten, die bis zu zwölf Meter tief im Schlick stecken.

Die zwischen 1885 und 1927 erbaute „Stadt aus Speichern" mit ihren roten → *Backstein*fassaden im neogotischen Stil diente bis zum rasanten Aufschwung der Containerschifffahrt als Lagerzentrum für Importgüter. Kaffee, Tee, Rum, Nüsse, Gewürze, Konserven und vor allem Teppiche wurden hier zollfrei zwischengelagert und von sogenannten Quartiersleuten, den selbstständigen Lagerhaltern, kontrolliert. Im größten Teppich-

Oben: Auch die Landungsbrücken sind im Miniatur Wunderland Hamburg, der größten Modelleisenbahnanlage der Welt, zu sehen.

Unten: Im privat betriebenen Speicherstadtmuseum wird neben der Geschichte dieses einmaligen Ensembles auch über die Arbeit und den Handel in der Zeit vor der modernen Containerschifffahrt informiert.

speicher der Welt waren insgesamt rund 120 000 Quadratmeter handgeknüpfte Teppiche untergebracht. Die trotz Kriegszerstörungen weitgehend originalgetreu erhaltene Speicherstadt wurde 1991 bis auf 3,3 Hektar an der → *Kehrwieder*spitze unter Denkmalschutz gestellt. Neue Nutzungen wurden spätestens mit den Planungen zur → *HafenCity* Thema; 2004 wurde sie aus dem Freihafengebiet herausgelöst.
Das größte zusammenhängende und einheitliche Speicherensemble der Welt steht seit 2015 gemeinsam mit dem → *Chilehaus* und dem → *Kontorhausviertel* auf der Liste des UNESCO-Weltkulturerbes. Die Speicherstadt habe mit ihrem Verbindungsnetz aus Straßen, Kanälen und Brücken einen „außergewöhnlichen universellen Wert", hieß es in der Begründung des UNESCO-Komitees.
Heute befinden sich in den Speichern unter anderem Restaurants, das beliebte Gruselkabinett Hamburg Dungeon und das Miniatur Wunderland Hamburg. Diese weltgrößte Modelleisenbahnanlage bricht immer wieder Rekorde. Wie zum Beispiel im Jahr 2009, als die 2,20 Meter lange Miniaturausgabe eines Kreuzfahrtschiffs getauft wurde. Und mit dem Rekord für den größten Miniaturverkehrsflughafen der Welt sowie als größte Modelleisenbahnanlage schaffte es das Miniatur Wunderland in die „Guinness World Records" 2015 und 2016.
Des Kaisers Silberkelle liegt heute übrigens im Speicherstadtmuseum.

Hamburg Dungeon, Kehrwieder 2, T. 01806 66690140 (0,20 €/Anruf aus dem dt. Festnetz, Mobilfunk max. 0,60 €/Anruf), www.thedungeons.com/hamburg/de
Miniatur Wunderland Hamburg, Kehrwieder 2, Block D, T. 040 3006800, www.miniatur-wunderland.de
Speicherstadtmuseum, Am Sandtorkai 36, T. 040 321191, www.speicherstadtmuseum.de

St. Nikolai
Mahnmal und Hauptkirche

Der heilige Nikolaus, Patron der Seefahrer und Freund der Kinder, steht mit seinem Namen in Hamburg für zwei City-Kirchen Pate: Das heutige Mahnmal St. Nikolai am → *Hopfenmarkt* mit dem fünfgrößten Kirchturm in Deutschland (147,30 Meter) erinnert an die Katastrophe des Zweiten Weltkriegs. Und die zwischen 1960 bis 1962 erbaute Kirche St. Nikolai am Klosterstern in Harvestehude gehört zu den fünf Hauptkirchen der Stadt.

Gleich zweimal zerstörte eine Feuersbrunst St. Nikolai am Hopfenmarkt. Beim → *Großen Brand* 1842 fiel der gotische Bau aus dem 13. und 14. Jahrhundert in Schutt und Asche. Vom neogotischen Nachfolgebau (1846 bis 1876) überstand lediglich der markante Turm – bei seiner Einweihung der höchste Kirchturm der Welt – die Bombenangriffe im Jahr 1943. Er diente den Piloten als Orientierungspunkt.

Als beim „Feuersturm“ durch britische und amerikanische Bomber St. Nikolai zerstört wurde, endete dort das kirchliche Leben. Die evangelischen Christen, die sich der Hauptkirche St. Nikolai verbunden fühlten, mussten sich eine neue Bleibe suchen. Sie fanden ihre religiöse Heimat in Harvestehude. Dort entstand 1962 am Klosterstern die neue Hauptkirche nach den Plänen des Kirchenbaumeisters Gerhard Langmaack.

Nach Kriegsende bestand in der Hansestadt offenbar nur ein geringes Interesse daran, das zerstörte Gotteshaus wieder aufzubauen. Stattdessen wurde viele Steine ihrem Zweck entfremdet und zur Deichbefestigung in der Haseldorfer Marsch genutzt. Im Jahr 2000 entdeckten Taucher im Wasser der Haseldorfer Binnenelbe Bruchstücke, darunter des Kanzelportals.

Insgesamt prägen fünf Hauptkirchen die Skyline der City – und das christliche Leben: die → *Petrikirche* an der Mönckebergstraße, die → *Jacobikirche* am Jacobikirchhof, die → *Katharinenkirche* gegenüber der → *HafenCity*, der → *Michel* als Norddeutschlands schönste Barockkirche und St. Nikolai am Klosterstern.

Dass Hamburg über die Institution von Hauptkirchen – also besonderen Gotteshäusern – verfügt, geht auf die Reformation im 16. Jahrhundert zurück. Sie sollen ein Gegenstück zu den im Katholizismus üblichen Kathedralen bilden. Die fünf Sakralbauten und ihre jeweiligen Parochien (Amtsbezirke) spiegelten damals die soziale Struktur wider. Verse aus dem 18. Jahrhundert belegen das:

„Sankt Petri de Rieken (Reichen)
Sankt Nikolai desglieken (desgleichen)
Sankt Catharinen de Sturen (Vornehmen)
Sankt Jacobi de Buren (Bauern)
Sankt Michaelis de Armen
Dat mag Gott wol erbarmen."

Längst haben sich Sozialstrukturen und Strahlkraft der Hauptkirchengemeinden verändert. Alle Hauptkirchen wollen Kirche für die ganze Stadt sein. Entsprechend anspruchsvoll und vielfältig ist das „kulturprotestantische" Programm. St. Nikolai am Klosterstern hat eine Ärztekanzel etabliert und sich mit medizinethischen Fragen einen Namen gemacht. Eine große Rolle spielt auch die Kirchenmusik.
In St. Nikolai am Hopfenmarkt, Gedenkstätte für die Opfer von Krieg und NS-Herrschaft, erinnert eine Tafel an die Toten des Hamburger „Feuersturms". In der Krypta finden regelmäßig Veranstaltungen statt. Mit einem Panoramalift können Besucher bis zur 72 Meter hohen Aussichtsplattform auf den restaurierten Turm fahren.

Mahnmal St. Nikolai, Willy-Brandt-Straße 60, T. 040 371125, www.mahnmal-st-nikolai.de

Hauptkirche St. Nikolai am Klosterstern, Harvestehuder Weg 118, T. 040 4411340, www.hauptkirche-stnikolai.de

St. Pauli
Stadtteil, Kirche, Fußballklub

Ausgerechnet der Apostel Paulus, der „Apostel der Heiden", ist der Namensgeber für den berühmten „sündigen" Stadtteil rund um die → *Reeperbahn*. Doch nicht nur das: Auch die 700 Meter langen Landungsbrücken, ein Theater am Spielbudenplatz (→ *Volkstheater*) und der am 5. Mai 1910 gegründete Fußballklub tragen Paulus im Namen. Vielfalt ist hier eben angesagt. Auf nur 2,3 Quadratkilometern leben 22 400 Menschen; der Migrantenanteil beträgt 36 Prozent.

St. Pauli hat Hamburg mit seiner Hafenromantik, dem Rotlichtviertel und den Amüsierbetrieben, dem Kiez und der lockeren Lebensart weltbekannt gemacht. Wer „St. Pauli Hamburg" googelt, erhält mehr als 14 Millionen Treffer (Stand: Juli 2016). Dabei war der „Hamburger Berg", auf dem sich der Stadtteil befindet, einst das ungeliebte Kind der Hanseaten. Alles, was sie innerhalb der Wallanlagen nicht haben wollten, kam in die Vorstadt – auf den „Berg". Zum Beispiel der „Pesthof", der sich westlich des → *Heiligengeistfelds* befand. Seit 1606 wurden hierher alle Menschen mit schlimmen, ansteckenden Krankheiten verbracht und von einem Pestarzt, einem Barbier, Pflegern und einem Speisenmeister versorgt.

Erst 1833 beschloss der Rat, dem Hamburger Berg den Namen „St. Pauli" zu geben. Die evangelische Kirche St. Pauli am Pinnasberg stand dafür Pate – so viel zum Einfluss des Apostels Paulus. Die Vorstadt wurde unter die hamburgische Verwaltung gestellt und erlebte einen enormen Bauboom. Im → *Hafen* entstanden seit 1839 die St. Pauli-Landungsbrücken für die Dampfschiffe und seit 1861 ein Fischereihafen mit Fischgroßmarkt. Zudem wurde am 31. Dezember 1860 die Torsperre aufgehoben. Bis dahin konnten die Stadttore abends und nachts nur gegen Gebühr passiert werden. Mit dem Wegfall der Torsperre zogen immer mehr Menschen nach St. Pauli. An die Tor-

sperre erinnert das noch heute erhaltene Millerntor-Wachhaus, im Stil einen griechischen Tempels gebaut.
Nicht weit davon, im Millerntor-Stadion, herrscht gerade Schmusestimmung. Pärchen sitzen in einer lauen Sommernacht auf den Tribünenplätzen, lauschen den Klängen der Musik und schauen auf die Leinwand: Dort läuft im Rahmen des alljährlichen St. Pauli-Sommerkinos ein Hollywood-Film. Ansonsten aber spielen auf dem grünen Rasen vor der Kulisse von Zehntausenden Zuschauern die Jungs vom FC St. Pauli. Wohl kaum ein Fußballverein verfügt über eine so engagierte Fan- und Vereinskultur wie dieser legendäre Klub, zu dem mit Ultrà St. Pauli (USB) eine Gruppe gehört, die vor dem Spagat zwischen Ultrà-Subkultur und linken Grundsätzen (gegen Rassismus, Sexismus, Faschismus) steht. Nach dem Umbau 2015 bietet das Millerntor-Stadion, das sich im Besitz des Vereins befindet, rund 30 000 Zuschauern Platz.
Dass es beim FC St. Pauli um mehr geht, als lediglich Tore zu schießen, zeigt seine Aktion „Viva con Agua". Sie unterstützt Trinkwasserprojekte in Entwicklungsländern und wirbt tatkräftig um Spenden. So bekamen die Besucher eines → *HafenCity*-Restaurants beim Bestellen ihres Menüs mit Thunfisch-Melone und Red Snapper den freundlichen Hinweis, dass dazu kein Mineralwasser gereicht werde. Stattdessen servierte das Haus für einen Euro pro Glas Hamburger Trinkwasser aus der Leitung. Das Geld kam der Initiative „Viva con Agua de Sankt Pauli" zugute. Die Idee entstand im Jahr 2005 in einem Trainingslager auf Kuba. Seitdem wurden fast zwei Millionen Menschen mit dem Trinkwasserprojekt erreicht. Die Schwerpunktländer sind Äthiopien, Kenia, Nepal und Uganda.

Staatstheater

Hamburgische Staatsoper
Thalia Theater
Deutsches Schauspielhaus

Drei große Hamburger Bühnen liegen in öffentlicher Hand: Die Hamburgische Staatsoper am → *Gänsemarkt*, das Thalia Theater am Alstertor und das Deutsche Schauspielhaus an der Kirchenallee.

Die Hamburgische Staatsoper kann auf eine mehr als 300 Jahre lange Geschichte zurückblicken. Es waren private Förderer, die am 2. Januar 1678 das „Opern-Theatrum" am Gänsemarkt eröffneten – als erstes öffentliches Opernhaus in Deutschland. Hier arbeitete Georg Friedrich Händel als Geiger, hier wurde seine Oper „Almira" 1705 aufgeführt. Wegen finanzieller Probleme musste das Haus 1738 geschlossen werden.

Im Nachfolgebau, dem „Ackermannschen Comödienhaus", wirkte von 1767 bis 1769 Gotthold Ephraim Lessing als Dramaturg eines „Hamburger Nationaltheaters", das erstmals in Deutschland ein bürgerliches, sich von französischen Vorbildern lösendes Schauspiel befördern wollte. Diese „Hamburgische Entreprise" ging zwar schon nach zwei Spielzeiten pleite, wurde aber zum Vorbild vieler Theatergründungen im deutschsprachigen Raum.

Das heutige Gebäude (1700 Sitzplätze) mit der gläsernen Fassade an der Dammtorstraße, wohin die Bühne als „Stadt-Theater" 1827 umgezogen war, ist ein Neubau nach der Zerstörung bei den Bombenangriffen 1943. Trotzdem konnte die historische Substanz des Theaters, seit 1934 „Hamburgische Staatsoper" genannt, teilweise bewahrt werden. Der Vorgängerbau war nach einem Entwurf Karl Friedrich Schinkels von Carl Ludwig Wimmel erbaut worden.

In der zweiten Hälfte des 20. Jahrhunderts erlangte die Staatsoper mit Erst- und Uraufführungen Weltgeltung. Besonders prägend als Intendant war der Schweizer Komponist Rolf Liebermann (1910–1999), der die Oper von 1959 bis 1973 leitete. Heute zählt die Hamburgische Staatsoper zu den renommierten Opernhäusern weltweit; die Zeitschrift „Opernwelt“ kürte sie 1997 und 2005 zum „Opernhaus des Jahres“. Zur Staatsoper gehört neben dem Philharmonischen Staatsorchester das Hamburg Ballett unter John Neumeier. Der aus Milwaukee/Wisconsin (USA) stammende Künstler ist seit 1973 Ballettdirektor und Chefchoreograf. Weltweite Anerkennung finden unter anderem seine Choreografien der Sinfonien von Gustav Mahler sowie die tänzerische Interpretation von Bachs Matthäus-Passion und Weihnachtsoratorium.

Hamburgische Staatsoper,
Dammtorstraße 28, T. 040 356868 (Tickets),
www.staatsoper-hamburg.de

Die Anfänge des Thalia Theaters gehen auf das Jahr 1843 zurück, als Chéri Maurice, der bürgerlich Charles Schwarzenberger hieß, diese Spielstätte am damaligen Pferdemarkt (seit 1946 „Gerhart-Hauptmann-Platz“) gründete. Thalia ist in der griechischen Mythologie die Muse der komischen Dichtung und der Unterhaltungskunst. Das heutige Gebäude am Alstertor stammt aus dem Jahr 1912 und bot mehr Platz als der Vorgängerbau an der gegenüberliegenden Seite des Pferdemarkts. Die Intendanten der Nachkriegszeit wie Willy Maertens und Boy Gobert wandten sich den Klassikern ebenso wie zeitgenössischen Werken zu. Hatte das Thalia bis dahin das Image eines eher bürgerlichen Theaters, begann mit Jürgen Flimm, Intendant von 1985 bis 2000, die Modernisierung. Die Musicals von Robert Wilson wurden zur Legende und gingen weltweit auf Tournee. Außerdem wurde das bereits 1937 verstaatlichte Thalia Theater unter Flimms Leitung zum wirtschaftlich erfolgreichsten Sprechtheater Deutschlands. Joachim Lux, Intendant seit 2009, setzt sich verstärkt für die Verständigung zwischen den Kulturen und Religionen ein.

Thalia Theater, Alstertor,
T. 040 32814444 (Tickets), www.thalia-theater.de

Der legendäre Intendant des Deutschen Schauspielhauses, der Schauspieler Gustaf Gründgens (1899–1963), bekannte einmal, er habe in seinem Leben zu viel gearbeitet und dabei vergessen zu leben. Da war er 63 Jahre alt und hatte kurz zuvor seinen Job an den Nagel gehängt, um mit seinem Lebensgefährten eine Weltreise zu unternehmen. Wenig später jedoch starb er in der philippinischen Hauptstadt Manila an einer Überdosis Schlaftabletten.

Unter seiner Intendanz von 1955 bis 1963, darin sind sich die Theaterkritiker einig, erlebte das Schauspielhaus gegenüber dem Hauptbahnhof seine bislang glamouröseste Zeit. Unvergessen sind Gründgens' Inszenierungen von Goethes „Faust", in denen er selbst den Mephisto mit einer schwarz-weißen Maske spielte, die er schon in den 1930er-Jahren entwickelt hatte. Die Aufführung von „Faust I" (1957) und „Faust II" (1958) am Deutschen Schauspielhaus gingen als „Hamburger Faust" in die Kulturgeschichte ein; „Faust I" wurde 1961 sogar verfilmt. Den Faust spielte der unvergessene Will Quadflieg.

Das am 15. September 1900 eröffnete und nach dem neobarocken Vorbild des Wiener Volkstheaters gebaute Deutsche Schauspielhaus avancierte vor allem in der Nachkriegszeit zur renommierten Bühne für die Klassiker. Der Name knüpft an die Tradition von Lessings „Hamburger Nationaltheater" am Gänsemarkt an.

Das repräsentative Schauspielhaus mit seinen 1200 Plätzen im mit vergoldetem Stuck und dem Deckenfresko „Triumph des Apoll" geschmückten Zuschauerraum und dem Malersaal als zweiter Spielstätte zählt zu den größten Sprechtheatern in Deutschland. Nach der intensiven Klassikerpflege begann in den 1970er-Jahren die Epoche der Modernisierung, der Experimentierfreude und seit der Jahrtausendwende der stärkeren internationalen Öffnung. Zu den prägenden Intendanten gehörten Ivan Nagel (1972 bis 1980), Peter Zadek (1985 bis 1989), Tom Stromberg (2000 bis 2005) und Friedrich Schirmer (2005 bis 2010).

Deutsches Schauspielhaus,
Kirchenallee 39, T. 040 248713 (Tickets),
www.schauspielhaus.de

Stadtpark

Joggen, im See schwimmen, Konzerte besuchen, Kaffee trinken, im grünen Gras liegen, zum privaten Grillfest einladen und mitten am Tag in die Sterne gucken – all das kann man im Stadtpark. Die 148 Hektar grüne Oase im Stadtteil Winterhude mit dem weithin sichtbaren Planetarium ist tatsächlich ein Park für das ganze Volk und für viele Freizeitaktivitäten. Es gibt 200 Jahre alte Bäume, Wiesen, Gärten, Cafés, das „Landhaus Walter", kunstvolle Statuen und zahlreiche Sport- und Spielplätze. Im Sommer laden Oper-Air-Konzerte ein, und die evangelische Kirche hat auf einer 5,7 Kilometer langen Strecke einen Pilgerweg geschaffen. An insgesamt 22 Stationen können die Stadtparkpilger meditative Pausen einlegen.
Es war der jagdbegeisterte Hamburger Goldschmied und Immobilienbesitzer Adolph Sierich (1826–1889), der sich am Rande von Winterhude ein 35 Hektar großes Wald- und Wiesengebiet zulegte. Gegen Gebühr konnten die Bürger damals den privaten Wildpark betreten, um Hirsche und Rehe zu beobachten. 1901 verkauften die Erben das „Sierichsche Gehölz" an die Stadt, die das gesamte Areal in die Hände von Fritz Schumacher gab. Einen „Garten nicht zum Durchwandern, sondern zum Inbesitznehmen" wollte er schaffen. Was dem Stadtplaner mit der Eröffnung des Stadtparks am 1. Juli 1914 auch gelang. Schumacher zu Ehren heißt der Biergarten beim Naturbad Stadtparksee mit Blick auf das Planetarium „Schumachers". Und der Name eines romantischen, unter alten Bäumen gelegene Hauses erinnert an Adolph Sierich. Die kleine Villa, das Sierichsche Forsthaus, ist Sitz des Stadtparkvereins.

Planetarium, Otto-Wels-Straße 1, T. 040 42886520,
www.planetarium-hamburg.de/
Landhaus Walter, Otto-Wels-Straße 2, T. 040 275054,
www.eventcenter-hamburg.de
Schumachers, Südring 5b, www.schumachers-biergarten.de
Sierichsches Forsthaus, Otto-Wels-Straße 3, T. 040 51328391,
www.stadtparkverein.de

Star-Club

Ausgerechnet an einem Freitag, den 13., startete im Star-Club in der → *Großen Freiheit* 39 die „Rock 'n' Twist-Parade 1962". Auf einem orangefarbenen Plakat versprach der Musikclub:

*„Die Not hat ein Ende!
Die Zeit der Dorfmusik ist vorbei."*

Womit Schlagermusik gemeint war. Das Alternativ-Programm spielten am 13. April 1962 keine Geringeren als „The Beatles". Im Herzen der Hansestadt begann ihre Weltkarriere.
Der Mann, der die noch recht unbekannten Musiker nach Hamburg gelockt hatte, prophezeite ihnen zunächst keine große Zukunft. „Die schrammeln mir zu viel, die kannst du vergessen", raunte der Ex-Boxmeister und Musikmanager Horst Fascher. Doch die Songs der „Pilzköpfe", deren Gage im Star-Club pro Mann und Woche 500 Mark betrug, begeisterten das Publikum. Während sie ihren ersten Aufritt am 17. August 1960 im „Indra" (Große Freiheit 64) hatten, folgten weitere Live-Acts im „Top Ten Club" (Reeperbahn 136) im Jahr 1961 und schließlich die Star-Club-Ära vom 13. April bis Silvester 1962.
Dass die Beatles zuweilen mit dem Gesetz in Konflikt kamen, nahm der vorbestrafte Star-Club-Geschäftsführer Fascher gelassen. Einmal rief ein Polizist der → *Davidwache* an, dem der Name „Beatles" fremd war. Er habe hier vier Halbstarke, die sich „Piedels" nennen würden und der Tierquälerei verdächtigt seien. „Piedels" sei doch auf Kiezdeutsch das Wort für Pimmel, entgegnete Fascher. Tatsächlich hatten die Beatles ein Spanferkel mit Hundeleine über die → *Reeperbahn* geführt. Als sie versicherten, Tierfreunde zu sein, kamen sie wieder frei.
Am 31. Dezember 1969 schloss der Star-Club für immer seine Pforten und das „Erotik-Theater" Salambo zog ein. Nach einem Brand 1987 wurde das alte Gebäude abgerissen. Heute erinnert im Hinterhof der Großen Freiheit 39 eine Gedenktafel an die Ära. Auf dem Beatles-Platz an der Ecke Reeperbahn/Große Freiheit steht seit 2008 ein Beatles-Denkmal.

Stintfang

Im freien Handel sind diese Weinflaschen der Rebsorte Regent (rote Trauben) und Phönix (weiße Trauben) nicht erhältlich. Sie wären wohl kaum mit Geld zu bezahlen, denn der edle Rebensaft stammt von Deutschlands kuriosestem Weinanbaugebiet. Seit 1995 wird auf dem Stintfang, nicht weit von den St. Pauli-Landungsbrücken, Wein angebaut. Es ist ein Stück süddeutscher Lebensart, die baden-württembergische Winzer vom „Stuttgarter Weindorf" in den kühlen Norden brachten – als Geschenk an die Hamburgische → *Bürgerschaft*. Mittlerweile wachsen auf dem kleinen Weinberg in bester Südlage immerhin 100 Rebstöcke. Die Trauben werden in Stuttgart zum „Hamburger Stintfang Cuvée" weiterverarbeitet, was jedes Jahr rund 40 bis 50 Flaschen (je 0,375 Liter) ergibt. Der kostbare Tropfen reicht gerade mal als begehrtes Geschenk für herausragende Gäste der Bürgerschaft und für die Senatorenriege.

Nicht weit vom Weinberg entfernt befindet sich die Jugendherberge Stintfang, die wegen der exzellenten Lage mit Blick auf die Elbe und der Kiez-Nähe zu den meistbesuchten Herbergen des Deutschen Jugendherbergswerks (DJH) gehört. So modern das Gebäude wirkt – wer den Stintfang besucht, betritt altes militärisches Gelände. Mit mehr als 20 Bastionen entlang des Wallrings schützte sich Hamburg im 17. Jahrhundert vor Eindringlingen. Die Bastion Albertus am Stintfang war benannt nach dem Bürgermeister Albert van Eitzen. Als sie später ihre Bedeutung verlor, entstand hier 1802 die erste Hamburger Sternwarte (→ *Bergedorfer Sternwarte*). „Stintfang" heißt die Anhöhe am rechten Elbufer seit Langem – wegen der Stinte, die einst zuhauf in der Elbe gefangen wurden.

Störtebeker

Die Legende erzählt, dass der Pirat Klaus Störtebeker nach seiner Enthauptung auf dem Grasbrook kopflos an elf seiner Männer vorbeigelaufen sein soll. Danach wurden auch sie enthauptet und die Köpfe zur Abschreckung aufgespießt, obwohl der Bürgermeister ihnen das Überleben versprochen hatte.
Die Geschichte des berühmten Freibeuters Klaus Störtebeker, der mit seinen „Vitalienbrüdern" (eigentlich: Lebensmittelbrüder, von lateinisch „victualia") die reich beladenen Schiffe und Hansekoggen vor der Nordseeinsel Helgoland plünderte, ist nicht nur die Story über einen Helden und Halunken, sondern auch eine Geschichte der Todesstrafe in Hamburg. Der Überlieferung nach wurde der Seeräuber, dessen Name Störtebeker („Stürz den Becher") auf die Fähigkeit, vier Liter Bier in einem Zug zu trinken, zurückgehen soll, am 21. Oktober 1401 enthauptet.
Seine Hinrichtung am Ufer der Elbe ist kein Einzelfall gewesen. Allein auf dem Grasbrook, wo heute das → *Cruise Terminal* HafenCity steht, verloren 428 Seeräuber ihr Leben. Das belegen die Akten im Hamburger Staatsarchiv in Wandsbek. Denn vom Jahr 1400 bis in das 17. Jahrhundert hinein befand sich auf dem Grasbrook die zentrale Richtstätte der Hansestadt, die ihrem Namen als „Bändigerin der Seeräuber" alle Ehre machten wollte und erbarmungslos gegen die Piraten vorging.
Kaiser Karl IV. hatte am 14. Oktober 1359 die Hafenstadt ermächtigt, die Elbe und ihre Mündung mit Androhung der Todesstrafe vor Piraten zu schützen. Mit blutigen Folgen, wie es in einer Novelle über den Blutrausch der Henker heißt: „Die Elbe glich einem Blutstrome, Blut klebte an allen Masten und Segeln, Blut an allen Waarenballen und Tonnen, und als ich zum Großen Grasbrook kam, war es mir, als triefe die ganze Insel von Blut, wie ein Rabenstein" (Julius von der Traun, „Die Geschichte vom Scharfrichter Rosenfeld und seinem Pathen", 1852). Zur Abschreckung wurden die Köpfe auf Pfähle gesteckt.
Später, als andere Kriminelle hinzurichten waren als die Piraten, hatte ein Henker sein Handwerk so perfektioniert, dass er

Im Jahr 1400 wurden mit Störtebeker, dem Anführer der „Vitalienbrüder“, 30 weitere Seeräuber hingerichtet.

immerhin sechs verurteilte Räuber gleichzeitig niederknien ließ und ihnen die Häupter der Reihe nach abschlug, ohne das Schwert aus der Hand zu legen.

Bis zum Jahr 1949 wurden in der Hansestadt insgesamt mehr als 1000 Hinrichtungen vollzogen - mit Rad, Schwert, Feuer und Fallbeil. Die Delinquenten waren nicht nur Freibeuter wie der vermutlich aus dem nördlichen Niedersachsen stammende Pirat. Allein zwischen 1444 und 1581 wurden 40 Frauen wegen Hexerei und Zauberei zum Tode verurteilt und auf dem Scheiterhaufen verbrannt.

Kurz nach dem Ende des Zweiten Weltkriegs wurden zwei Raubmörder von der amerikanischen Militärregierung mit dem Fallbeil hingerichtet. Es waren die letzten, an denen in Hamburg die Todesstrafe vollstreckt wurde. Mit dem Grundgesetz der Bundesrepublik, Art. 102, ist die Todesstrafe seit 1949 abgeschafft.

Ein Schädel, den man Klaus Störtebeker zuschreibt, steht heute im → *Hamburg-Museum*. Er war 1878 bei den Vorbereitungen zum Bau der → *Speicherstadt* entdeckt worden. Ein Bronzedenkmal vor dem Internationalen Maritimen Museum in der → *HafenCity*, 1982 fertiggestellt, erinnert an ihn (Osakaallee, Nähe Busanbrücke).

Tollerort

„De Toll kummt glieks an Boord." Das ist Plattdeutsch und heißt: Der Zoll kommt gleich an Bord. In der niederdeutschen Sprache bedeutet „Toll" also Zoll. Und Tollerort hat so wenig mit „toll" (super, wunderbar, verrückt) zu tun wie Hamburg mit Kamtschatka.

Tollerort zwischen den Elbinseln Steinwerder und Waltershof steht für ein Stück Hamburger → *Hafen*geschichte. Dort, wo der Köhlbrand in die Elbe fließt, befand sich bis zum Abschluss des Gottorper Vertrags von 1768, in dem das Verhältnis zwischen Hamburg und Dänemark geregelt wurde, eine Zollstation. Im Grenzgebiet zwischen hamburgischem und dänischem Gebiet wurden also Zölle kassiert – „De Toll kommt glieks an Boord". Ein Toller Ort = Zollort.

Später wiesen in Tollerort Leuchtfeuer den Weg. Es folgten Werften, die alle nicht mehr existieren, und heute Hamburgs kleinstes Containerterminal Tollerort (CTT) mit einer Fläche von 0,8 Quadratkilometern und modernsten Containerbrücken für die Schiffsriesen.

Mit dem Namen verknüpft ist auch eine Portion Hafenromantik, die der Schriftsteller Hans Leip in diese Verse gefasst hat:

„Nachmittags von Fähre VII
Mussten wir nach Tollerort.
Sagten wir: Beibei, ihr Lieben,
Nächsten Hafen wird geschrieben,
Ob auch alles wohl an Bord."

Die alten HADAG-Dampfer der Linie „Fähre VII" verkehrten zwischen → *Fischmarkt*, Tollerort und Oderhöft. Im Jahr 2002 wurde diese Linie wegen gesunkener Passagierzahlen eingestellt.

Containerterminal Tollerort,
Am Vulkanhafen 30

Vier- und Marschlande

Die Wiege des Erdbeeranbaus in Deutschland steht in den Vierlanden. Denn in keiner anderen Region ist der kommerzielle Anbau bereits seit dem 17. Jahrhundert nachgewiesen. In der Chronik des → *Zollenspieker* Kätners (ein Kleinbauer, der in einer Kate wohnt) Tönnies Kahl heißt es: „Anno 1693 sind zuerst von einigen Leuten Erdbeeren in die Gärten gepflanzt worden."

Die sich über 130 Quadratkilometer erstreckenden Vier- und Marschlande im Südosten Hamburgs sind das größte zusammenhängende Obst-, Gemüse- und Blumenanbaugebiet in Deutschland. Während die Vierlande die vier Dörfer Altengamme, Curslack, Kirchwerder und → *Neuengamme* umfassen, befinden sich die Marschen (tief gelegenes und von Wasserarmen durchzogenes, fruchtbares Land) zwischen Moorfleet und Reitbrook, Billwerder und Ochsenwerder. Auf den Feldern und vor allem in den zahlreichen Gewächshäusern wachsen zum Beispiel Blattsalate, Tomaten, Chrysanthemen, Astern – und Erdbeeren. Mit Gemüse-Ewern (flachbodige kleine Küstensegelschiffe) brachten die Bauern bis zum 20. Jahrhundert ihre Produkte über Dove- und Gose-Elbe sowie die Bille, die wichtigsten Wasserwege in den Vier- und Marschlanden, auf die Hamburger Märkte. So war die „Vierländer Erdbeere" (Moschus- und Zimterdbeere) in aller Munde. Auf dem → *Hopfenmarkt* erinnert der Vierländerin-Brunnen an diese Zeit.

Wo so viele süße Früchte reifen, vergnügten sich im 19. Jahrhundert wohlhabende Hamburger Herren in der Vierländer „Erdbeerfrische". Bei ihren sogenannten Erdbeerkuren begegneten sie gern den regionalen Verkäuferinnen in ihrer anmutigen Tracht. Man munkelte damals, dass so manche junge „Blomendeern" nach dem Verkauf der Früchte ihren „Erdbeermund" feilbot. Kein Wunder, dass die Störche noch immer auf die Vier- und Marschlande fliegen: Alljährlich brüten in den Kirchwerder Wiesen, ganz im Herzen der Vier- und Marschlande, mehrere Weißstorchpaare.

Volkstheater
Ohnsorg-, Hansa-, St. Pauli Theater

Drei Hamburger Bühnen wollen besonders populär und im besten Sinne „Volkstheater“ sein: Ohnsorg-, Hansa- und St. Pauli Theater.

Das Ohnsorg-Theater (408 Plätze), ehemals mit Sitz an den Großen Bleichen und seit 2011 am Heidi-Kabel-Platz (Nähe Hauptbahnhof), hat sich auf Stücke in niederdeutscher Sprache spezialisiert und wurde mit seinen seit 1954 im Fernsehen gesendeten Inszenierungen in Hamburger Platt (→ *Missingsch*) bundesweit bekannt.

Gegründet wurde die Spielstätte im Jahr 1902 durch den Philologen Richard Ohnsorg als „Dramatische Gesellschaft“, die sich auf plattdeutsche Stücke spezialisierte. Ohnsorg spielte in vielen Stücken selbst mit, meist „äußerlich bärbeißig und innerlich tränenweich erscheinende Käuze“, wie es in einer Würdigung zu seinem 65. Geburtstag hieß.

Ikonen des Ohnorg-Theaters: Heidi Kabel und Henry Vahl in „Der Bürgermeisterstuhl“ (1969)

Zur Popularität dieses Theaters haben die Volksschauspieler Heidi Kabel (1914–2010) und Henry Vahl (1897–1977) entscheidend beigetragen. Sie brillierten zum Beispiel in den Theaterstücken „Tratsch im Treppenhaus" (1962) und „Die Kartenlegerin" (1968). Heidi Kabel, Hamburger Ehrenbürgerin, arbeitete 66 Jahre lang für das Ohnsorg-Theater und spielte in 160 niederdeutschen Stücken mit. Eine 1,63 Meter hohe Statue vor dem Eingang der neuen Bühne im denkmalgeschützten Bieberhaus am Hauptbahnhof stellt die beliebte Volksschauspielerin dar. Inzwischen hat das Ohnsorg-Theater rund 100 Mitarbeiter und pro Spielzeit 160 000 Zuschauer.

Ohnsorg-Theater, Heidi-Kabel-Platz 1 (Bieberhaus), T. 040 35080321 (Tickets), www.ohnsorg.de

Das nach siebenjähriger Pause im Jahr 2009 wiedereröffnete Hansa-Theater (491 Plätze) am Steindamm in St. Georg begeistert das Publikum mit Akrobatik und Unterhaltungskunst auf Weltniveau. Seitdem besuchten 420 000 Gäste das älteste noch bestehende Varieté-Theater Deutschlands, auf dessen Bühne bereits Josephine Baker und die „Comedian Harmonists" standen und im Jahr 1914 Hans Albers in der Rolle eines Botenjungen seinen ersten großen Auftritt hatte. 1964 startete das

Das traditionsreiche Hansa-Theater, 1894 eröffnet, stellte 2001 den Betrieb ein. Seit 2008/09 wird ein Neuanfang gewagt.

damals unbekannte Zauberkünstler-Duo Siegfried und Roy hier seine Weltkarriere. Der Künstler und Brauereibesitzer Paul Wilhelm Grell (1860–1937) hatte das Theater am 5. März 1894 zunächst mit dem Ziel gegründet, den Absatz seines Bieres („Heide-Export") mit einem artistischen Unterhaltungsprogramm zu fördern. Das Gebäude wurde 1943 bei den Bombenangriffen auf Hamburg zerstört und nach Kriegsende wieder aufgebaut. Den Eintritt bezahlten die Besucher zunächst mit Lebensmittelmarken. Das staatlich nicht subventionierte Privattheater im Familienbesitz wurde in der Nachkriegszeit zum wichtigsten Varieté-Theater Deutschlands. Wegen sinkender Besucherzahlen und Einnahmen fiel am 31. Dezember 2001 der Vorhang zum vorerst letzten Mal. Bis die Intendanten des St. Pauli Theaters, Thomas Collien und Ulrich Waller, das Haus übernahmen – und dem Varieté eine neue Chance gaben.

Hansa-Theater, Steindamm 17,
T. 040 47110644 (Tickets), www.hansa-theater.de

Auch das St. Pauli Theater (595 Plätze) am Spielbudenplatz, Hamburgs ältestes Privattheater, versteht sich als modernes Volkstheater. Als „Urania"-Theater war die Spielstätte am 30. Mai 1841 am Spielbudenplatz in der Hamburger Vorstadt

Das St. Pauli Theater feierte 2016 seinen 175. Geburtstag. Es ist Hamburgs ältestes Privattheater.

→ *St. Pauli* gegründet worden. Mit Ernst Drucker, der das Theater mit Unterbrechungen von 1884 bis zu seinem Tod 1918 leitete, begann die Blütezeit des dann nach ihm benannten Hauses. Das Stück → *Zitronenjette* ist mit 859 Aufführungen eines der größten Erfolge des Theaters. Weil Drucker Jude war, musste das Volkstheater seinen Namen wechseln. Seit 1941 trägt es St. Pauli im Namen. 1970 erlebte das Musical „Der Junge von St. Pauli“ mit Freddy Quinn seine Premiere und wurde zum fulminanten Erfolg. Bis in den 1980er-Jahre war das Haus mit niederdeutschem Mundarttheater erfolgreich. Doch die Theatermacher erkannten, dass es neben dem Ohnsorg-Theater nicht eine weitere plattdeutsche Bühne geben konnte. Da begann die Zeit des Boulevards mit Elke Sommer, Gunther Philipp und Willy Millowitsch. Unter der Leitung von Thomas Collien und Ulrich Waller hat sich das Theater 2003 neu positioniert und setzt unter anderem auf klassische und neue Stücke nach Broadway-Vorbild, auf Musiktheater, Kabarett und Comedy und jene Aufführungen, die Hamburg im Fokus haben wie die St.-Pauli-Revue „Auf der Reeperbahn“.

St. Pauli Theater, Spielbudenplatz 29,
T. 040 47110666 (Tickets), www.st-pauli-theater.de

Zitronenjette

Eine 1,30 Meter kleine und 35 Kilogramm leichte Frau brachte es im Hamburg des 19. Jahrhunderts zu einer wohl eher tragischen Berühmtheit. Viele Hamburger machten sich über die „Zitronenjette" lustig, die schon als 13-Jährige morgens zum → *Hafen* ging, um bei den Matrosen Südfrüchte zu kaufen. Dann zog sie mit ihrem Korb los, um die Früchte weiterzuverkaufen.

„Zitroon, Zitroon, frische Zitroon!"

– so pries Henriette („Jette") Johanne Marie Müller bis in die 1890er-Jahre ihre Ware an. Sie galt als geistig und körperlich zurückgeblieben, weshalb es ihren Kunden häufig gelang, die 1841 in Dessau geborene Frau übers Ohr zu hauen.

Nachts fand man sie auf dem Kiez, wo die Männer ihr Schnäpse anboten. So wurde Zitronenjette alkoholkrank. Das Jahr 1894 brachte für sie die Wende, als die Polizei sie alkoholisiert aufgriff und in die „Separate Irrenanstalt" Friedrichsberg einlieferte – wo man sie entmündigen ließ. Der Ärztliche Direktor bezeichnete sie als „harmlose Schwachsinnige mit Zwergenwuchs". Mehr als 20 Jahre sollte Zitronenjette in der Anstalt verbringen – bis zu ihrem Tod im Jahr 1916.

Theaterstücke brachten ihr Leben auf die Bühne (→ *Volkstheater*). Ihre Rolle wurde meist von Männern gespielt, auch vom Volksschauspieler Henry Vahl. Im Jahr 1986 hat ihr der Bildhauer Hansjörg Wagner ein Denkmal in der Nähe des → *Michels* gesetzt. Auf der Gedenktafel steht: „Dien Leben wer suur as de Zitroonen, sall sick dat Erinnern an di lohnen? Dien Schiksol wiest op all de Lüüd, for de dat Glück het gor keen Tiet." (Dein Leben war sauer wie die Zitronen, soll sich das Erinnern an dich lohnen? Dein Schicksal weist auf all die Leute, für die das Glück gar keine Zeit hat.) Ihr linker Zeigefinger ist stets blank poliert. Ein bisschen abergläubig sind die Passanten dann doch: Es heißt, wer diesen Finger berühre, werde Glück erfahren.

Denkmal: Ludwig-Erhard-Straße 7

Zollenspieker Fährhaus

„Fährmann, hol über!“

Dieser Ruf ertönte hier schon im 13. Jahrhundert. Regelmäßig fuhren zwischen Kirchwerder auf der einen und Hoopte auf der anderen Elbseite die Fähren, um Güter, Menschen und Vieh zu befördern. Um die Verkehrsströme an Land und auf dem Wasser im Blick zu haben, wurde im 13. Jahrhundert in Kirchwerder ein festes Gebäude errichtet, der „Zoln Spiker“ (= Zollspeicher). In der Zollstation mussten die Reisenden eine Art Maut bezahlen – den Furt- und Wegezoll. Bis zum Jahr 1806, als Napoleon Hamburg eroberte, wurde Geld kassiert. Wie es in den Annalen heißt, wurde der Geldbetrag notfalls „mit Gewalt“ eingetrieben. Denn wer hier auf die Gestade und den Strom blicken konnte, hatte die „Elbhoheit“ und kontrollierte mit der Zoll- und Wehranlage die florierenden Handelswege der Hanse (→ *Hanseatisch*). Im 16. Jahrhundert flossen die Zolleinnahmen direkt in die Kasse der Hansestadt Lübeck, der „Mutter“ des Städtebundes.
Das jetzige Gebäude, dessen Grundmauern auf den ersten „Zoln Spiker“ zurückgehen, entstand im 19. Jahrhundert und diente nach dem Ende des Elbezolls als Gaststätte. Zum Ensemble zählt neben der Gastronomie mit regionalen Spezialitäten ein Vier-Sterne-Hotel. Und wie seit 750 Jahren fährt auch eine Fähre, die Tag für Tag am Elbstromkilometer 598,5 vom südlichsten Punkt Hamburgs ins niedersächsische Hoopte übersetzt und wieder zurückfährt: „Fährmann, hol über!“

Zollenspieker Hauptdeich 141, Hamburg-Kirchwerder,
T. 040 7931330, www.zollenspieker-faehrhaus.de

Register

Bildnachweis/Impressum

Bildnachweis
bpk: 53 (Hamburger Kunsthalle/Elke Walford), 181
Bürgerverein Blankenese, Stadtteilarchiv: 32
Elbe & Flut, Thomas Hampel: 164 u.
Archiv Ellert & Richter: 177
fotolia: Titel (printequipment), 17 (johas), 19 (powell83), 56 (dietwalther)
huber-images.de/Rellini Maurizio: 13
Urs Kluyver, Hamburg: 29, 30, 43, 50, 70, 123, 137, 139, 141, 149, 161
Egbert Kossak, Hamburg: 78, 99, 117
© malzkornfoto / Hamburg: 182
Miniatur Wunderland Hamburg: 164 o.
picture-alliance: 52 (dpa-Bildarchiv), 180 (Keystone)
Katrin Schmersahl, Hamburg: 27 beide, 94, 101 o.
Staatsarchiv Hamburg: 47, 73, 107
Wikimedia Commons: 75 (Mbdortmund); CC BY 3.0: 44 (Klaus Bärwinkel), 81 (An-d), 82 (Medvedev); CC BY-SA 4.0: 45 (Maddl79)
Michael Zapf, Hamburg: 11, 14, 22, 34/35, 37, 41, 57, 79, 86 + 87 (mit freundlicher Genehmigung der Handelskammer Hamburg), 90, 101 u., 103, 104, 111, 115, 119, 131, 145, 146, 153

Bibliografische Information der Deutschen Nationalbibliothek
Die Deutsche Nationalbibliothek verzeichnet diese Publikation in der Deutschen Nationalbibliografie; detaillierte bibliografische Daten sind im Internet über http://dnb.d-nb.de abrufbar.

ISBN 978-3-8319-0670-3

Lektorat:
Annette Krüger, Hamburg
Gestaltung:
BrücknerAping Büro für Gestaltung GbR, Bremen
Gesamtherstellung:
CPI books GmbH, Leck

www.ellert-richter.de
www.facebook.com/EllertRichterVerlag

Alle Angaben in diesem Buch sind sorgfältig geprüft. Adressen, Telefonnummern etc. können sich aber schnell ändern. Autor und Verlag können daher keine Gewähr für die Richtigkeit übernehmen. Für Berichtigungsvorschläge sind wir dankbar. Bitten senden Sie diese an:

Ellert & Richter Verlag
Große Brunnenstraße
116–120, 22763 Hamburg

Oder per E-Mail an:
info@ellert-richter.de